AF359542

MLLE MARIE KŒNIG

Ex-inspectrice des Écoles maternelles. Auteur du « Monde en papier »

DISTRACTIONS ENFANTINES

TRAVAUX RÉCRÉATIFS POUR LES ENFANTS DE 4 A 10 ANS

PARIS

LIBRAIRIE HACHETTE ET CIE

79, BOULEVARD SAINT-GERMAIN, 79

1910

Avis

Aux Mamans et aux Directrices d'Écoles maternelles.

Le succès du *Monde en papier* et de *Bouts de fil* nous a encouragée à composer ce nouveau recueil. Les petites occupations qu'il contient sont destinées à amuser les enfants tout en les habituant à devenir adroits.

Nous avons choisi dans les travaux créés par les directrices d'écoles ceux qu'elles ont expérimentés avec succès, et de nos inventions personnelles. nous ne présentons que celles que nous avons vu exécuter sous nos yeux par les enfants.

Il y avait longtemps que ce petit livre était réclamé par les mamans pour occuper les enfants lorsqu'ils sont las de courir dans les longues journées de vacances, les jours de pluie, ou encore quand les chers petits sont retenus à la chambre par une indisposition passagère.

Ces travaux serviront aussi de modèles aux enfants désireux d'offrir un cadeau à leurs parents, au jour de l'an et aux fêtes.

Dans ce but nous avons classé ces petites récréations par mois pour faciliter la recherche de celles auxquelles on désirera se livrer selon les saisons.

Marie KŒNIG.

Compliment du Jour de l'An

Chers enfants, nous connaissons votre goût pour les compliments; nous vous offrons aujourd'hui le moyen d'en obtenir de fort jolis.

Cette idée ingénieuse appartient à la directrice de l'école maternelle de Corbeil, et date de l'Exposition de 1889.

Prenez une grande feuille de papier, encadrez-la d'une double raie dont l'espace aura la largeur d'une faveur, en ruban.

Pliez le papier tout autour sur le milieu de l'espace qui existe entre les deux lignes et coupez sur ce pli des traits égaux et également distants.

Ensuite, passez une faveur dans toutes ces coupures, comme vous voyez que cela est fait sur le modèle.

Réunissez, aux quatre coins, les bouts de faveur par des nœuds.

Nous vous conseillons de ne faire l'encadrement qu'après avoir écrit votre compliment, pour ne pas être gênés par l'épaisseur des nœuds qui empêcherait le papier d'être à plat comme il convient pour bien écrire.

Il existe encore une façon très simple et très jolie de faire un compliment, c'est de tourner un nœud à gauche et en haut d'une feuille de papier à lettre.

Comme vous le voyez ici, après avoir écrit votre compliment à la personne à qui vous le destinez, vous pouvez dessiner une petite fleur.

Voici comment on offre un compliment : on le roule comme un rouleau de musique et on l'attache par un ruban. Sur le modèle, il est écrit : « Jour de l'an, dessin pour maman », mais vous pouvez écrire autre chose : « J'aime ma chère maman: Je souhaite la bonne année à mes chers parents ».

Le coffret à bijoux

Ce coffret est en carton, recouvert de petits carrés de papier plié qu'on appelle *pliages*.

Ces carrés doivent être absolument égaux; il en faut vingt-cinq pour recouvrir notre boîte.

La figure 3 représente la moitié du carré, les figures 4, 5, 6, le quart du carré.

Les figures 1 et 2 sont agrandies pour que vous compreniez mieux le travail.

Tout cela expliqué, voici comment on fait ce pliage.

1° Vous pliez chaque carré de papier en deux, vous l'ouvrez sur une table, vous pliez chaque moitié en deux, en ramenant les deux côtés sur la ligne du premier pli comme on ramène les deux battants d'une fenêtre pour la fermer; voyez figure 3.

2° Vous faites la même chose avec les deux autres côtés, après avoir plié le travail en deux; voyez figure 1 : tous les plis sont faits en dedans, le dessous du pliage, qui sera la partie collée, est représentée par la figure 6.

3° Il faut que les quatre carrés qui forment les quatre coins du papier développé soient relevés en capuchons et que les pointes se réunissent au centre; voyez la figure agrandie n° 2.

Il y a là un tour de main qu'il faudra chercher un peu si on ne vous le montre pas.

4° Le reste est facile; vous relevez les quatre pointes et vous les reportez aux coins du pliage en les pliant en fichus; la figure 4 montre un seul coin développé avec la corne relevée, la figure 5 montre le pliage terminé.

5° Enfin vous collez les pliages sur la boîte.

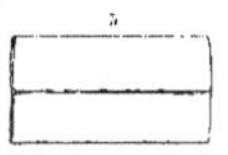

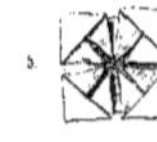

Le cadre doré

Le pliage décrit pour l'ornementation du coffret à bijoux est le même que celui qui sert ici d'encadrement à ce dessin d'enfant.

C'est le même pliage fait avec un papier plus grand et doré, un de ces papiers qui servent à faire des papillotes en chocolat; seulement on lui a fait subir quelques modifications que nous allons indiquer.

Vous prenez chacune des pointes intérieures et vous les roulez deux fois sur elles-mêmes pour obtenir le cadre intérieur qui entoure le dessin.

Les quatre pointes redressées dans le pliage du coffret se replient deux fois sur elles-mêmes.

Il reste à plier huit cornes qui se rabattent sur le cadre intérieur, mais vous les imiterez en regardant le dessin.

Le dessin libre que nous avons encadré a été fait par un enfant de cinq ans; il représente Polichinelle avec ses deux bosses, Pierrot et Arlequin, les trois amis du petit Louis. Dans l'original, ils sont faits au crayon de couleur.

Ce cadre peut être exécuté avec du papier blanc, n'oubliez pas que les cadres blancs sont à la mode en ce moment; il est encore très joli en papier couleur bois. Nous conseillons aux petits enfants qui voudraient faire bien plaisir à leurs parents de plier quatre cadres dorés, pour y mettre trois dessins et une petite lettre, et de coller ensuite les quatre petits tableaux sur un carton. En haut, au milieu, vous ferez un trou pour passer un bout de ruban destiné à pendre le carton.

La galette des Rois

Qu'elle est amusante et spirituelle la vieille coutume de tirer les Rois !

La gourmandise n'étant, chez les enfants, éveillée qu'en imagination, ils feront attention à la galette en papier, à ses parts et ils connaîtront ainsi le cercle et ses segments.

Prenez donc une grande galette, et, s'il le faut, plusieurs galettes, c'est-à-dire des cercles en papier : un journal peut faire votre affaire. Partagez la galette, pliez-la en deux, chaque quart en deux ; arrivez à avoir seize parts.

Prenez un de ces triangles, c'est notre figure 1, et sur ce patron, ayant du papier plié en plusieurs doubles, découpez des morceaux de galette (voir fig. 2), en laissant autour du patron un bord.

Posez le patron sur chaque morceau de papier et tout simplement re-

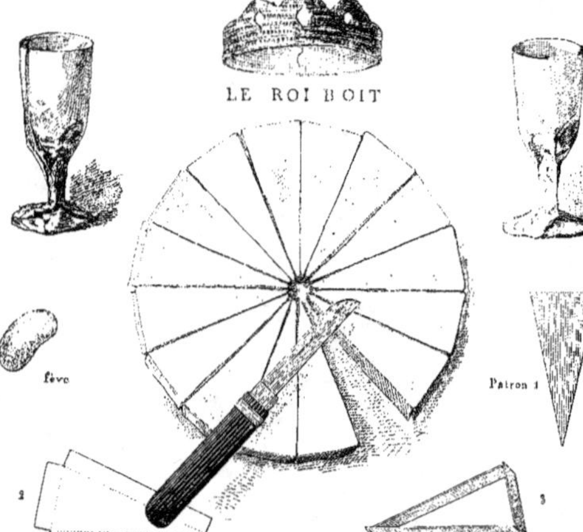

pliez le bord pour obtenir comme un couvercle pareil à la figure 3.

Le patron s'enlève. Toutes les parties de gâteau posées à côté les unes des autres forment la galette ; le rebord donne l'épaisseur ; le dessous est creux, le dessus est plat ; sous une des parts dessinez une fève ou collez-en une en papier.

Les verres sont faits comme des cornets moulés sur le doigt.

La couronne est un découpage fait avec une bande, attachée derrière.

Notre couteau, un couteau très drôle, est en papier d'argent plié et entouré, dans sa moitié, d'un papier noir.

Procédez au tirage au sort. Nous n'avons pas à vous indiquer le reste.

Ce jeu ne doit se faire que s'il y a plusieurs enfants.

La faïence de Cunlhat

Pliage et dessin.

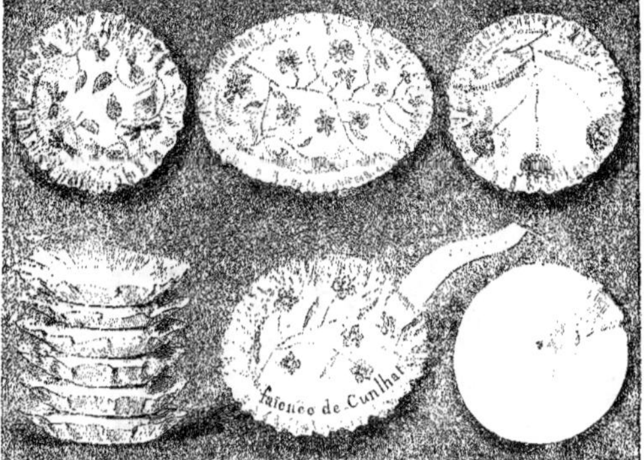

Cette faïence peut, sans contredit, lutter avec celle de Limoges : elle est plus fine, plus légère et pas cassante, et, charme délicieux, elle est l'œuvre de petits enfants de votre âge.

Au lieu de kaolin qui est la terre à porcelaine, prenez du papier, taillez-le en rondelles, en ovales; décorez ces plats et ces assiettes avec des crayons de couleur. Il n'y a pas besoin de four.

Ensuite modelez le tour en faisant de petits plis très près les uns des autres.

Les décors des assiettes sont variés, vous voyez à droite une assiette dans le fond de laquelle il y a une branche de cerisier.

Ensuite dans le plat du milieu vous voyez de belles fleurs bleues. On peut dessiner des prunes, des pommes. On peut faire des assiettes unies, tout simplement en plissant le tour.

Avec ce service élégant, quelle belle occasion de faire la dinette, de régaler les petits amis !

Naturellement vous ne mettrez rien d'humide dans les plats décorés, car ce serait dommage d'abimer votre beau service. Nous allons vous indiquer un menu : soupe au pain, vous ne mettrez alors que des morceaux de pain coupés, sans aucune sauce; soles frites, que vous obtiendrez en coupant en long des biscuits, côtelettes en papillotes, vous tournerez du papier autour de petits bouts de bois. Dessert : des anis, des raisins de caisse, des pralines écrasées, des morceaux de sucre, des croquets.

Si, cependant, vous voulez que votre table soit très jolie, il faudra placer certains mets sur du persil ou sur des feuilles. Alors ne prenez que des plats unis, qui sont faciles à refaire, puisqu'il ne s'agit que de les découper et de les plisser.

Au Musée pédagogique, 41, rue Gay-Lussac, à Paris, vous pourrez venir le jeudi voir les modèles décorés de la faïence de Cunlhat.

Les masques

Découpage.

Petits enfants, voici un exercice de découpage très simple : il s'agit de faire quatre trous dans un morceau de papier pour obtenir un masque.

Il faut des bouts de papier, taillés régulièrement, soit des carrés, des cercles ou des rectangles.

1° Chaque morceau de papier doit être plié en deux ; sur la ligne de pliure, au milieu du papier, on enlève un morceau, on en enlève un second un peu plus bas, le nez et la bouche du masque se trouvent indiqués.

2° On plie le morceau de papier en deux dans le même sens, et sur la nouvelle ligne de pliure, on arrache un morceau de papier un peu plus haut que le nez : on a ainsi marqué les deux yeux,

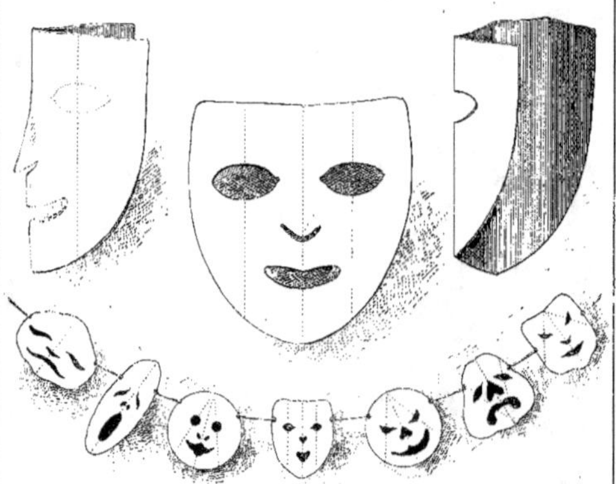

Sur le dessin, vous voyez à gauche un masque dont le nez n'est pas indiqué par un trou, mais par une simple déchirure ; on relève la languette de papier sur le doigt et on a le nez en relief.

La série de petits masques a pour but de montrer les expressions différentes qu'on obtient en changeant les yeux de place ou en modifiant la forme des déchirures.

C'est au carnaval qu'on se couvre la figure de masques pour s'amuser.

Il y a beaucoup de petits enfants qui aiment se mettre des masques, mais il y en a aussi qui en ont peur. Nous vous conseillons, mes petits amis, de ne pas taquiner ceux de vos camarades qui n'aiment pas ce jeu. Même en jouant, il ne

ainsi marqué les deux yeux, car le morceau du papier est double. | faut pas taquiner. On dit que la taquinerie est une petite méchanceté.

Mes petits amis, nous vous indiquons, aujourd'hui, un petit travail qui devient un joujou, et qu'on obtient avec des aiguilles de pin[1].

Les sapins, vous le savez, ont de petites aiguilles, les pins en ont de longues, selon l'espèce, variant entre 8 et 22 centimètres. Les aiguilles de pin sont attachées deux par deux, trois par trois, ou cinq par cinq.

Les pins les plus répandus dans notre pays sont des pins à deux feuilles, tels le pin sylvestre et le pin maritime.

A Binic, près de Saint-Brieuc, les petits enfants cueillent des rameaux de pin, ils en séparent

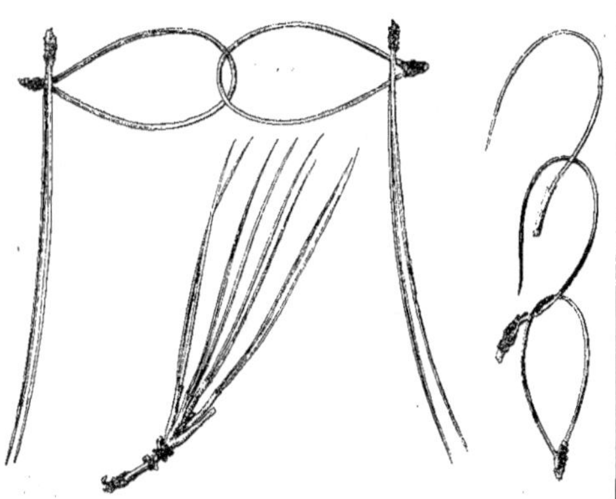

les faisceaux de feuilles.

Ils arrachent une feuille d'un faisceau, ils prennent l'autre feuille, la tournent de façon à en faire entrer l'extrémité dans le vide laissé par la feuille arrachée (voir le dessin).

Ils obtiennent une sorte de boucle.

Ils recommencent avec une autre aiguille de pin, mais ils la passent dans la première, de façon que toutes deux soient enlacées. Cela forme les deux verres des lunettes.

Ils attachent très simplement les branches des lunettes, en passant une double aiguille à cheval à l'extrémité des lunettes et à l'extrémité des boucles.

1. Les feuilles s'appellent aiguilles.

Découpage à la Didon

Il était une fois une princesse nommée Didon ; elle était sœur de Pygmalion, roi de Phénicie, en Asie. Pygmalion était si cruel, qu'il fit mourir Sichée, le mari de Didon.

Didon s'enfuit de Tyr, capitale de la Phénicie, et aborda à Carthage, en Afrique.

On raconte qu'elle ne demanda, pour s'établir dans le pays, que le terrain qui pourrait être recouvert par la peau d'un bœuf. Sa demande fut accueillie favorablement. Didon fit alors couper la peau d'un bœuf en lanières très fines et elle en entoura une étendue de terrain considérable.

Didon en cette occasion s'était montrée très maligne.

Pour vous amuser, décalquez sur votre modèle une petite peau

Peau de bœuf

de bœuf en papier et découpez-la finement, en tournant, mais faites bien attention de ne pas déchirer votre bande ; essayez ensuite d'en entourer un espace sur la terre, vous serez très étonnés.

Découpez de même des carrés, des triangles, des cercles.

Le cercle développé et agité en l'air vous donnera une spirale.

Si le découpage n'est pas trop menu vous pourriez reconstituer la forme du carré et du cercle sur la table, à plat.

Le cercle découpé ressemble à un ressort de montre, la spirale à une boucle de cheveux. Tous les jeux que l'on fait avec les serpentins, on peut très bien les imiter avec les découpages à la Didon..

Les bijoux franco-russes

Découpage à la Didon. — Application : l'anneau brisé.

Découpez des ronds de papier sur des pièces d'un sou, de deux sous ou sur des jetons.

On obtient ainsi sans le secours des ciseaux, avec les doigts, des cercles bien réussis.

Ensuite découpez un cercle en spirale assez étroite, mais ne dépassez pas deux tours et arrachez complètement le centre. Vous avez un anneau brisé dans lequel il est facile de passer des clefs, des ornements, tel-qu'une ancre, un bateau, les deux initiales F. R., France-Russie.

Ces anneaux, selon leur taille, deviennent à volonté des bracelets, des colliers plats; un certain nombre enlacés forment des chaînes charmantes.

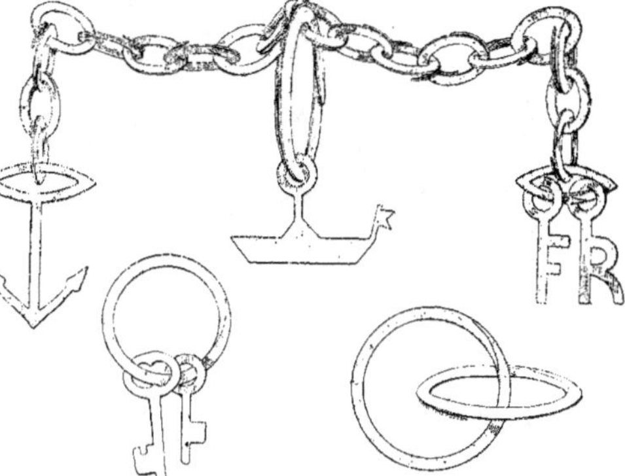

fêtes locales; le papier n'a pas besoin d'être très fort.

Si vous voulez de vrais bijoux, collez l'une sur l'autre avec de la colle de pâte deux feuilles de papier, or et argent. Deux papiers collés ainsi avec cette colle forment un léger carton très résistant.

Faites ensuite vos découpages avec des ciseaux sur des patrons, découpez des étoiles, des clés, des bateaux, des croix, des ancres, des initiales, de petits porte-bonheur, faites des polichinelles, des chaînes en anneaux brisés dont vous repliez les extrémités lorsque vous y avez passé ces bijoux; vous serez charmés, car c'est

On peut, en faisant les cercles grands et de trois couleurs, bleus, blancs, rouges, tresser des chaînes aux couleurs nationales pour les fort gracieux et ressemble beaucoup au vrai.

Mesdames les Cloches

Mes chers enfants, nous avons cru vous amuser en transformant des cornets en cloches ayant pour battants des perles, et sonnant quand on les agite.

On fait un cornet dans un carré de papier, on arrondit ensuite le bas, ou bien on découpe des papiers sur un patron, et on tourne le cornet sans avoir rien à enlever.

Le cornet obtenu, on enfile une grosse perle ou même un bouton au bout d'un fil, on détourne le cornet, on le refait avec le battant de la cloche.

Nous avons été plus loin dans ce jeu: nous avons fait un trou de chaque côté de la clochette pour y passer un morceau de papier trois fois replié sur lui-même et destiné à représenter les bras.

Notez bien ceci, une bandelette de papier traverse la cloche de

part en part pour les bras.

Les cloches deviennent Mesdames les Cloches, des personnes imaginaires, qui sont tristes ou gaies, selon qu'elles sonnent un événement pénible ou joyeux.

Nous avons fait des figures de circonstance à ces dames imaginaires. Vous en ferez d'autres très facilement. Il suffit de marquer deux points pour les yeux, un point pour le nez, de tracer un trait pour la bouche et deux traits au-dessus des yeux pour les sourcils.

Vous voyez la coupe d'une cloche en papier, le battant est attaché au papier qui forme les bras; c'est une autre manière de faire tenir le battant, car, ainsi que nous vous le disions plus haut, le bout de fil peut être pris dans le haut du cornet.

Les rameaux en palmier

Apprenez qu'il n'est pas nécessaire d'être en Algérie pour avoir l'occasion de tresser des palmes.

Est-ce que les palmiers ne sont pas devenus, depuis dix ans, la parure des salons? Ils sont l'ornement de tous les endroits de fête.

Ces palmiers de salons, de salles de concerts, de mairies vivent mal et meurent facilement.

A l'occasion, demandez les feuilles coupées, demandez les cœurs des plantes destinées au feu.

C'est ce que nous avons fait.

Prenez une de ces feuilles ayant encore un peu de souplesse, un peu de vert, déchirez-la dans sa longueur.

Tressage.

Chaque lanière semble elle-même une feuille d'herbe, délicieusement gaufrée; si vous regardez de près, vous verrez des fils très ténus qui semblent retenir les fibres longitudinales.

Vous ne pouvez vous imaginer la quantité de brins que vous pouvez déchirer dans une jeune feuille de palmier.

Ces espèces de rubans qui sont souples et fermes se prêtent, mes chers amis, à tous les caprices des doigts.

Vous voyez : 1° les nœuds attachés le long d'une paille; 2° la palme formée de trois coques qui sont elles-mêmes des nattes à trois; 3° la natte qui est un tissage à sept brins; 4° enfin la petite croix épée.

L'œuf de Pâques

Piquage, broderie.

Découpez sur le patron des morceaux de carton tous semblables. Piquez-en le tour. Pour que les piqûres soient en nombre égal et distancées de même façon, il faut piquer chaque carton en posant dessus un carton déjà perforé; l'épingle passe alors au travers d'un trou pour en faire un autre dans le carton posé dessous.

Les parties de l'œuf se brodent deux à deux, à points de surjet, de droite à gauche, de gauche à droite, comme on a brodé les feuillets de l'éventail.

Mais cet œuf doit s'ouvrir; c'est un œuf de Pâques à surprise; il peut être rempli de bonbons, de petits joujoux. Il y a donc deux parties conjointes, mais qui n'ont pas un point de surjet pour les réunir. Chaque côté de l'ouverture est brodé, comme un feuillet d'éventail.

Lorsqu'on veut ouvrir l'œuf, il suffit de le serrer un peu entre ses mains dans le sens des pointes, sur les deux nœuds d'attache.

La cordelière est une torsade à trois brins, terminée par un gland.

Il faut sept morceaux pour arriver à faire l'œuf.

Il y avait une fois une petite fille de six ans dont les parents n'étaient pas bien riches, elle revenait un soir de l'école avec sa sœur aînée, elle la fit longtemps s'arrêter pour admirer de beaux œufs de Pâques qui s'étalaient à la devanture d'un épicier.

« Ah! que je serais heureuse, disait la petite fille, si j'avais un bel œuf contenant une petite poupée! » La sœur aînée qui aimait beaucoup sa petite sœur, fit un œuf en carton rose brodé de soie verte et dedans elle y mit une jolie petite poupée en papier avec tout un trousseau artistement brodé.

C'est un grand bonheur de pouvoir travailler pour une petite sœur qu'on aime de tout son cœur!

La petite fille fut ravie et bien reconnaissante.

Plinge, nouage.

Qu'y a-t-il dans ces paquets?

Rien.

Nous vous les présentons pour que vous les imitiez, mes petits enfants; vous ne direz pas que vous n'avez pas d'argent pour vous amuser, pour acheter des joujoux, cela ne coûte rien, il faut seulement du papier et des bouts de laine.

Le paquet surmonté d'un petit bout de bois n'est pas serré, il renferme un gâteau à la crème, des tartes, des saint-honoré, des éclairs: le suivant, fort léger, est celui qui contient généralement des plumes, des fleurs artificielles, un chapeau de dame; le paquet du milieu, bien fait, aux angles bien marqués, enveloppe un livre, du papier, du chocolat.

Le rouleau sert à envelopper une image, un compliment, de la musique.

Le cornet contient soi-disant du tabac à priser pour le grand-papa, ou de la poudre, ou encore du sel, du poivre.

Mais ne croyez pas que vous réussirez du premier coup à faire ces petits paquets; commencez par jouer aux paquets pour apprendre à les faire.

Distribuez à tous vos camarades des morceaux de papier semblables et des bouts de laine de même longueur.

Choisissez le paquet que vous désirez faire, mettez-vous à l'ouvrage, et celui qui aura le mieux réussi le paquet désigné aura gagné: l'enjeu peut être une pastille de chocolat, une dragée, une plume, une bille.

Vous pouvez, petits enfants, lorsque vous saurez plier ces paquets-attrapes, faire des farces le 1er avril, les offrir aux amis comme si c'étaient de vrais cadeaux.... Voilà de quoi bien rire, vous pouvez jouer aux marchands, c'est très amusant; dans ce cas, il faudra remplir les paquets de quelque chose, ils ne seront plus des attrapes.

Nous avons vu huit petites filles jouer à ce jeu un jour de pluie; je vous assure qu'elles s'amusaient beaucoup.

Les violettes des quatre Saisons

Mes petits enfants, la meilleure manière d'imiter la nature c'est de la regarder longtemps. Examinez comment une violette est organisée, c'est fort joli. D'abord un calice vert à cinq parties, puis une corolle violette formée de cinq pétales inégaux. Il y en a un qui porte à sa base une petite poche qu'on nomme éperon parce qu'il est placé au talon de la fleur comme l'éperon au talon du cavalier.

Le cœur est formé de cinq étamines qui cachent une petite boîte à graine délicieuse; coupez-la comme pour faire un couvercle, vous serez ravis. Le dessus du couvercle ressemble à un petit canard.

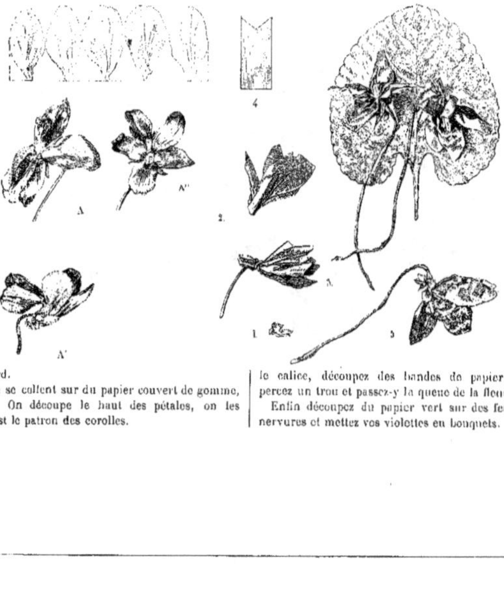

Les pétales d'une violette se collent sur du papier couvert de gomme, à côté les uns des autres. On découpe le haut des pétales, on les laisse tenus à leur base, c'est le patron des corolles.

Il faut découper des corolles sur le patron, avoir du laiton recouvert, et du papier jaune.

Voici le procédé pour faire les violettes : Tournez un peu de papier jaune (fig. 1) et prenant une corolle avec le papier jaune au milieu, serrez la base sans toucher au bord des pétales (fig. 2), puis tenant d'une main la base de la corolle, attachez-la avec un bout de laiton qui formera aussi la queue (fig. 3).

La partie violette qui dépasse est l'éperon ; sur la nature (fig. A, A', A") remarquez que la queue passe au-dessus de l'éperon.

Si vous voulez mettre le calice, découpez des bandes de papier vert, faites deux dents, percez un trou et passez-y la queue de la fleur (fig. 4, fig. 5).

Enfin découpez du papier vert sur des feuilles naturelles, pliez aux nervures et mettez vos violettes en bouquets.

Le petit général[1]

Tresses et nœuds. — Raphia et lacets.

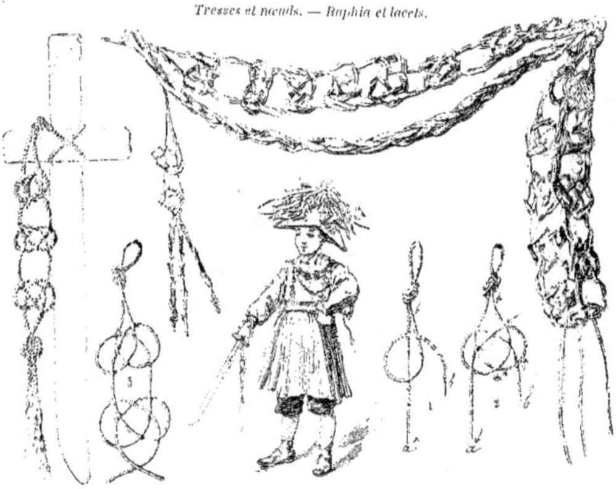

Il a cinq ans, notre petit général ; il peut être fier : c'est lui tout seul qui a fait son superbe chapeau, qui a plié son sabre en papier, l'a entouré de cette magnifique dragonne ; c'est lui aussi qui a tressé ces deux rangs d'aiguillettes qui ornent son costume.

Mes petits amis, pour l'imiter apprenez à faire le nœud de cette passementerie avec de la ficelle, ensuite vous saurez le répéter avec du raphia ou du cordon.

Voyez la figure 1 : faites un nœud bouclé au milieu de la ficelle pliée en deux, puis passez le brin b qui est le brin de droite sur le brin a qui est le brin de gauche, en lui faisant décrire une courbe.

main gauche qu'on retient ce premier tour, on garde libre la main droite.

Voyez la figure 2 : à l'endroit où une petite flèche est barbelée plusieurs fois, le brin a va suivre en sens inverse un mouvement semblable à celui suivi par le brin b, mais il passera alternativement dessus et dessous les parties de la première bourle (sorte de tissage). Le brin a relevé au point de la flèche barbelée passe sur le brin b, deuxième petite flèche, il remonte à droite, passe, troisième petite flèche, sous le brin b, puis dessus, puis dessous, quatrième petite flèche, et enfin dessus le brin a marqué par une dernière flèche.

Ce mouvement du brin b de droite à gauche sera toujours le même ; exercez-vous donc plusieurs fois pour ne pas vous tromper ; le brin a ne bouge pas. C'est ainsi la [...] on tire un peu, on relâche : c'est affaire d'habitude et de goût.

Lorsqu'on a fait un nœud, on le régularise, Le second nœud commence sur le brin a et ainsi de suite (voir fig. 3).

1. Communiqué par Mlle Vivet, de Saumur.

Le nid

Les enfants doivent respecter les nids. Que diraient-ils si on les séparait pour toujours de leur maman et de leur papa?

Mais, pour qu'ils n'aient pas la tentation d'en détruire, pour qu'ils voient comment ils sont faits, nous allons leur apprendre à construire des nids comme les petits oiseaux.

Prenez trois petites baguettes de 20 centimètres environ, attachez-les ensemble à 4 centimètres de l'extrémité, d'un seul côté; écartez-les ensuite à l'opposé de l'attache; vous obtiendrez le support et au-dessus de l'attache un emplacement pour le nid.

Nous avons pris des rameaux de sapin, c'est bien plus joli; car, dépouillés de leurs feuilles, ils semblent tout sculptés et portent encore de très gracieux bourgeons.

Arrivons au but : faire un nid. Vous allez sourire. Prenez dans un de vos matelas un peu de laine, formez le nid dans le creux de votre main, en étirant la laine et le crin; mêlez-y un peu de mousse ou de lichen, quelques brins de plumes pris à un plumeau, vers la ficelle, car c'est l'endroit où les plumes sont à l'état de duvet : vous aurez le nid dont parle la chanson de Mlle Brés.

> Un oiseau dans la haie,
> En vain cherche son nid,
> Et se plaint et gémit
> D'une douleur bien vraie :
> « Quels voleurs, quels méchants
> M'ont pris mes chers enfants! »
>
> « Aurais-je pu les prendre,
> Dit le coq généreux,
> Moi qui donnais pour eux,
> Ma plume la plus tendre?
> Car les plus doux berceaux,
> Ce sont les nids d'oiseaux. » 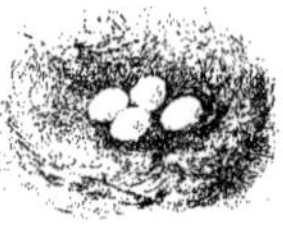
>
> La brebis de la plaine
> Répond : « Ce n'est pas moi,
> Moi qui laissais pour toi
> Les flocons de ma laine
> Aux feuilles et rameaux
> De tous les arbrisseaux. »
>
> « Qui donc a pu nous faire
> Un si grand, si grand tort? »
> Disent longtemps encore
> Et le père et la mère.
>
> Or, c'était un enfant,
> Ce voleur, ce méchant.

Les nids confectionnés, nous allons vous apprendre à découper des oiseaux.

Ce découpage exige, enfants, que vous vous serviez de ciseaux, mais il ne faut prendre que des ciseaux à bouts ronds.

Vous voyez deux oiseaux sur une branche : n° 1, la fauvette à tête noire; n° 2, le merle; au-dessous, les patrons pour les faire : patrons des corps sans ailes et des ailes sans corps.

On découpera les oiseaux en papier d'après les patrons; on fera une entaille à l'endroit de l'insertion naturelle des ailes.

On découpera ensuite les ailes.

Découpage.

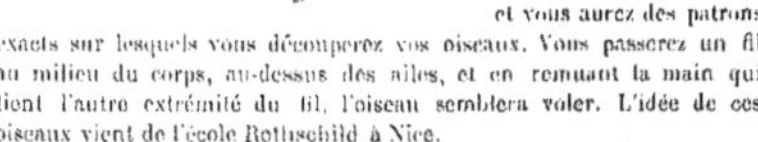

Les ailes ici ne servent que d'indication. Découpez-les plutôt sur l'oiseau dessiné sur la nature, avec un papier calque ce sera facile, mais alors doublez votre papier pour avoir les deux ailes. Les patrons des corps des oiseaux n'indiquent pas les pieds, faites-les.

Sur le corps et les ailes, dessinez le mouvement des plumes, à peu près.

Pour adapter les ailes au corps de l'oiseau, on en prend une paire, on courbe une aile sans la froisser et on la fait passer au travers de la coupure; les deux ailes se trouvent à leur place.

Pour que leur mouvement soit facile, il ne faut pas que l'endroit où elles se rejoignent, c'est-à-dire à la pliure, soit trop large.

Ne prenez les dessins donnés que comme des indications générales, les oiseaux d'ailleurs y sont trop petits; mais vous trouverez partout, dans des livres, sur des bons points, des dessins d'oiseaux. Il faut qu'ils soient de profil, vous décalquerez le contour du corps, puis celui des ailes, et vous aurez des patrons exacts sur lesquels vous découperez vos oiseaux. Vous passerez un fil au milieu du corps, au-dessus des ailes, et en remuant la main qui tient l'autre extrémité du fil, l'oiseau semblera voler. L'idée de ces oiseaux vient de l'école Rothschild à Nice.

La fauvette à tête noire chante un peu comme le rossignol. Les fauvettes sont aimables, gaies, elles se nourrissent ordinairement de grains, mais elles aiment aussi les fruits et les insectes.

Les merles ne sont pas comme les fauvettes qui nous quittent l'hiver, ils restent avec nous toute l'année; ce sont des chanteurs très agréables.

Le jardinet de Levallois [1]

Ce petit jardin en papier doit se concevoir avec des couleurs si l'on veut en apprécier toute la gentillesse. Le grillage est verdi avec du crayon vert foncé et doit encadrer le jardin; la table, les sièges sont jaunes, les fleurs, roses, les arbres, vert clair.

C'est facile à obtenir.

Vous voyez les patrons : celui de la table et celui du banc.

La table est un cercle terminé latéralement par deux bandelettes qu'on rapproche jusqu'au milieu de la table dessous, pour former ainsi le support dont les extrémités doivent passer dans un cercle de papier et être relevées sous ce même cercle; d'ailleurs cette façon se devine. On ajoure la table à l'aide d'un poinçon ou d'un bout de crayon.

Le patron du banc doit se poser sur un morceau de papier doublé

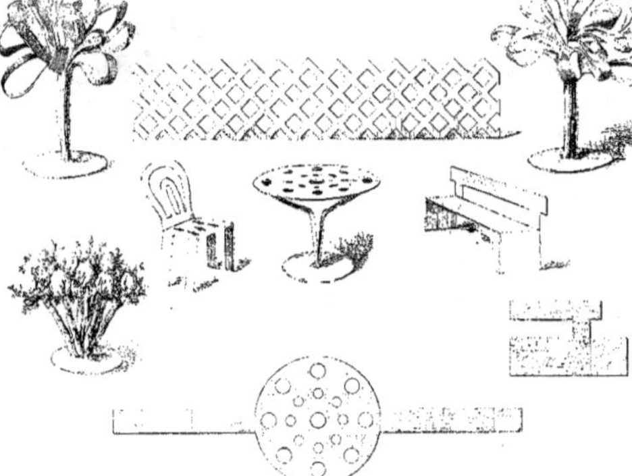

dont le pli sera du côté qui ne présente pas de saillie; on pliera selon le modèle. Les arbres sont une frange de papier vert brillant, tournée comme pour un manche à gigot, fixée à un bout de carton roulé pour simuler la tige. La base de l'arbre est fendue, enfilée dans une rondelle de carton et aplatie ensuite.

Les massifs de roses sont des roses pompon disposées sur un pied de carton comme les arbres.

Les roses pompon sont faites très simplement, on couvre une toute petite boule d'ouate avec du papier rose et on l'entoure d'un peu de mousse.

Il faut disposer toutes les pièces du jardinet avec beaucoup d'art et de goût.

Ce modèle existe au Musée pédagogique, 41, rue Gay-Lussac, à Paris.

1. Communiqué par Mlle Davesne.

Les premières cerises

Les enfants élevés dans leur famille pourront reproduire nos bouquets avec des produits naturels, vraies cerises, vraies feuilles et vraies fleurs.

Dans les écoles, il est plus difficile, peut-être impossible, d'avoir à sa disposition au moins cinq cerises par enfant; mais, si cela était réalisable, combien l'exercice serait amusant! Quel bonheur pour tous les petits de posséder un bouquet de cerises! Comme nous voudrions les voir en marche, tenant bien droits leurs jolis bâtons aux couleurs si vives!

Voici simplement comment on fait les bouquets naturels. On se procure des feuilles de muguet, on prend chaque feuille de muguet, on la plie en deux comme une coque de ruban et on l'attache avec un gros fil sur le côté d'un bâton; on fait une coque nouvelle qu'on attache vis-à-vis de la première. On recommence cinq fois, six fois ce petit travail; mais après avoir disposé deux coques comme un nœud, on le ferme en plaçant au milieu une vraie cerise.

Souvent le haut du bâton est orné d'un peu de muguet ou de quelques bluets.

Notre dessin représente un bouquet de cerises dont les feuilles n'appartiennent pas au muguet, mais à l'olivier. Vous avez donc la preuve que vous pouvez faire des bouquets avec d'autres feuilles que celles du muguet légendaire.

Si vous prenez du muguet, nous vous conseillons de faire plier toutes les coques d'abord, et de les attacher ensuite; c'est plus commode et plus facile.

Mais ces jolis bâtons ne durent pas, il faut bien manger les cerises appétissantes. Nous vous offrons les moyens d'en faire d'artificielles comme exemple d'un travail fort coquet. — Pour imiter les feuilles de muguet, coupez des bandes de papier vert; pour faire des cerises, confectionnez de toutes petites balles en laine rouge.

On en fait des bouquets d'une autre façon, en attachant plusieurs feuilles au même point avec quelques cerises.

Les pots de confitures

Mes petits enfants, aujourd'hui, il s'agit de couvrir des pots de confitures, de jouer à la ménagère, à l'épicier.

Prenez des bouchons, prenez des bouts de bois ronds si vous n'avez pas de petits pots en terre.

Cependant si, dans vos petits ménages, vous avez de tout petits pots blancs, comme ceux qui viennent du pharmacien, servez-vous-en, ce sera bien plus amusant.

Il vous faut aussi, mes petits amis, un peloton de laine ou de fil et des bouts de papier blanc.

Regardez la manière de poser le papier sur le pot vrai ou faux, en l'appuyant bien sur le bord ; placez l'attache autour, nouez-la. C'est assez difficile parce qu'on ne serre jamais assez son nœud ; il faut d'autant plus serrer le nœud que le pot n'a pas de rebord ; relevez ensuite le papier tout autour et coupez ce qu'il y a de trop.

Ensuite écrivez le nom des confitures sur le couvercle en papier avec

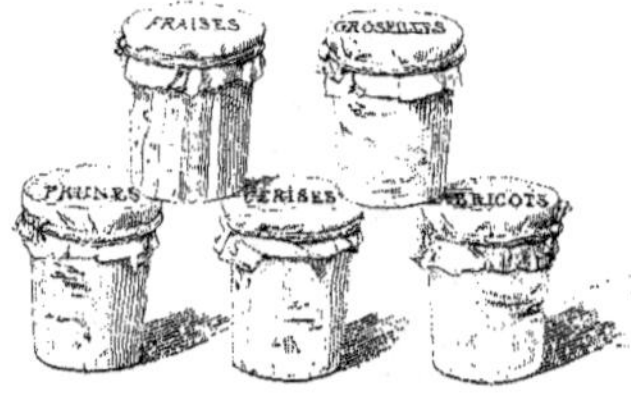

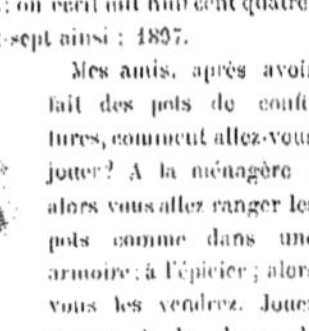

un crayon, mais gardez-vous si le pot est en terre de crever le papier. Dans ce cas, vous pourriez écrire le nom des confitures sur les papiers avant de les placer sur les pots.

Nous vous conseillons la laine pour attacher vos couvercles parce qu'elle est douce à nouer.

Voici comment on écrit : *fraises, groseilles, prunes, cerises, abricots.* Quelquefois on met l'année où les confitures ont été faites ; on écrit mil huit cent quatre-vingt dix-sept ainsi : 1897.

Mes amis, après avoir fait des pots de confitures, comment allez-vous jouer ? A la ménagère : alors vous allez ranger les pots comme dans une armoire ; à l'épicier ; alors vous les vendrez. Jouez encore à la dame de charité qui va voir des pauvres petits enfants et leur donne un pot de confitures.

Si vous voulez, au lieu de confitures, faites un pot de beurre, une galette en papier, et jouez au petit Chaperon rouge.

Fleurs d'Aalholm

La France a pour amis les Russes, mais aussi les Danois.

Aalholm est le plus vieux château du Danemark, il est aujourd'hui habité par une gentille maman qui a trois enfants encore très petits.

C'est de là qu'on nous a envoyé ces petites clochettes.

Leur façon est plus facile que toutes celles que nous connaissons, aussi nous sommes bien reconnaissants de cet envoi.

On prend une bande de papier blanc plissé, ayant 2 centimètres de hauteur sur 10 centimètres de longueur; voyez au coin de l'image un morceau de papier destiné à faire une clochette.

On serre avec les doigts le bas de la fleur, on obtient de cette manière le calice.

On fait d'autres fleurs pour donner à la colle le temps de sécher, on reprend alors chaque fleur et l'on tourne la bande de papier vert pour faire la tige. Celle-ci, enroulée autour d'un crayon en tire-bouchon, prend la forme volubile qui a fait donner à la fleur le nom de volubilis.

On découpe des feuilles dans du papier vert mousse.

Ces jolies clochettes sont ensuite coloriées avec un crayon rouge qu'on passe sur la corolle de bas en haut à égale distance.

Une branche de ces fleurettes, posée sur un abat-jour ou au bord d'une image, produit un effet charmant.

prend ensuite une bande de papier vert mousse ayant 1 centimètre à peine de largeur, on met avec un pinceau un peu de gomme sur la base de la fleur et l'on y pose ensuite le bout de la bande verte; Aalholm est près de Nysted, dans l'île de Laland. Pour y aller de Copenhague, le chemin de fer à un certain moment traverse un bras de mer sur un pont établi au-dessus d'un bateau.

La corbeille de perles

Les enfants ont de bons yeux pour compter les perles et des mains souples et fines pour les enfiler.

Au Havre, on fait le fond des paniers avec les rondelles de carton qu'on trouve dans les pelotes de fil.

On pique le tour de ce morceau de carton avec une épingle.

Ensuite on prend un fil de laiton pas trop long pour qu'il ne s'embrouille pas, on en attache une extrémité en la passant dans un des trous.

Voyez la figure. On a enfilé douze perles et on a passé le laiton de l'autre côté, on a enfilé vingt et une perles et on a repassé le laiton dans le trou suivant, on a enfilé encore douze perles et on a repassé le laiton de l'autre côté, on a enfilé vingt et une perles, on a repassé le laiton en dessous, et toujours de même, la base du panier est faite et le 1er rang au dessus, à l'intérieur.

Voyez la figure. On passe un autre bout de laiton dans la onzième perle d'une maille du premier rang, on enfile treize perles; on passe le

laiton dans la onzième perle de la seconde maille du premier rang, on enfile treize perles: on passe le laiton dans la onzième perle de la troisième maille du premier rang, etc. On fait le troisième rang ainsi : on passe le laiton dans la sixième perle d'une maille du deuxième rang, on enfile treize perles, on passe le laiton dans la sixième perle de la maille suivante.

Pour enfiler six perles, on ne compte pas, on en prend trois et trois. Si on met une septième perle plus grosse que les autres il n'y aura jamais à chercher le milieu.

La forme des objets dépend de leur base en carton, de la quantité de perles du premier rang et de la largeur des mailles.

Toutes les mailles doivent avoir le même nombre de perles, excepté au premier rang.

L'élargissement des corbeilles se fait naturellement. Inutile de vous dire comment on fait les anses. Ces gracieux objets sont tous doublés en satin, quelques-uns renferment un sac à coulisse.

L'éventail

Piquage, broderie.

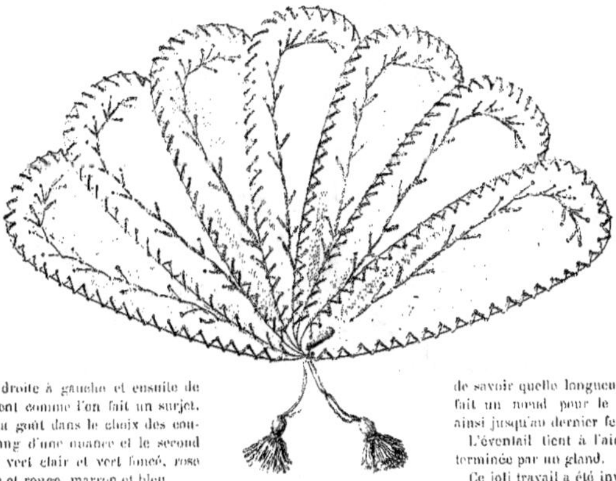

Découpez dans du carton très léger les feuillets de votre éventail, le premier feuillet à droite qui est dessus peut être votre patron; piquez-en les contours avec une grosse épingle sur un bouchon, à moins que vous n'ayez un morceau de linge.

Ce n'est pas difficile, mais vous pouvez rendre le piquage régulier en traçant un trait de crayon à 4 millimètres du bord des feuillets.

On commence la broderie avec une aiguille enfilée de soie ou de laine, on passe dans chaque trou en allant d'abord de droite à gauche et ensuite de gauche à droite, absolument comme l'on fait un surjet.

Il importe de montrer du goût dans le choix des couleurs, on peut faire un rang d'une nuance et le second d'une autre, par exemple vert clair et vert foncé, rose et vert jaune et violet, rose et rouge, marron et bleu.

La broderie intérieure est d'une simplicité extrême, il faut la dessiner avant de la piquer. C'est une sorte de ligne décrivant une crosse, et dont la régularité est coupée à droite et à gauche par des traits simulant des feuilles. Au milieu de chaque palette vous pouvez broder une petite fleur, soit une marguerite blanche avec le cœur jaune formé par un seul point, soit une étoile.

Le moyen de faire tenir les feuillets de l'éventail entre eux est celui-ci : on prend une aiguillée de fil, on fait un petit nœud, on traverse un feuillet, on fait un autre nœud, on traverse un deuxième feuillet, on lui donne la position qu'il aura par rapport au premier, afin de savoir quelle longueur il faut laisser au fil, on fait un nœud pour le retenir, et l'on continue ainsi jusqu'au dernier feuillet.

L'éventail tient à l'aide d'une boucle en laine terminée par un gland.

Ce joli travail a été inventé dans le département de l'Isère, où les petits enfants font de charmants ouvrages. A l'Exposition de 1880, l'ensemble de leurs ouvrages a mérité une médaille d'or!

Les ballons pour la retraite aux flambeaux

Fig. 1. Prendre un carré de papier, le plier sur ses deux lignes diagonales, ensuite sur une seule des lignes médianes, de l'autre côté.

Fig. 2. Serrer les plis pour obtenir le double bateau.

Fig. 3. Rabattre de chaque côté du pliage les quatre pointes A du double bateau à la pointe C, base du bateau.

La figure 3 montre les deux pointes A rabattues en avant; les deux pointes en arrière sont encore dressées.

Fig. 4. Les 4 pointes sont abattues.

Fig. 5. Ramener les quatre pointes latérales D au centre du pliage, deux d'un côté, deux de l'autre[1].

Fig. 6. La figure 5 obtenue, il s'agit (c'est le point méticuleux du pliage) de rentrer, après les avoir repliées deux fois, les pointes A dans la sorte de pochette du triangle Ddd, dont l'ouverture est en bas.

Ensuite, on gonfle le ballon en soufflant dans le trou d.

Rien n'est plus amusant pour un enfant que de voir se gonfler le ballon qu'il vient de plier, mais il y a des petits qui ne savent pas bien souffler directement dans le ballon avec leur bouche: nous avons eu l'idée de leur faire faire un entonnoir à air, c'est-à-dire un cornet non fermé: on met la pointe dans l'ouverture du ballon, on souffle; le ballon immédiatement se gonfle, car dans ce cas l'air ne se disperse pas.

Il est bon, en soufflant, de retenir un peu les côtés du ballon avec ses deux mains, surtout si les

Vous pouvez, à la rigueur, vous dispenser de cacher ces pointes. | pointes n'ont pas été rentrées dans les pochettes.

1. Les figures 5 et 6 sont agrandies pour donner plus de clarté; la figure 6 est à gauche de la figure 5.

Le petit oranger, la petite échelle

Papier frisé, enfilage de tubes en paille.

Mes petits enfants, apprenez que cette gentille petite échelle est une invention française due à de jeunes Vosgiens.

Jusqu'à présent quand les enfants voulaient faire de petites constructions avec du carton et des pailles, ils devaient percer un carton et passer la paille dans les trous, mais c'était difficile, les trous devaient n'être ni trop petits ni trop grands et la paille faiblissait souvent.

Il y avait encore un grand ennui dans ce travail délicat, on ne pouvait toucher un objet sans avoir peur de le démolir.

Eh bien, la voyez-vous cette petite échelle?

poinçon dans les trous déjà faits de manière à obtenir des traces de piqûre sur le second montant, ensuite on perce les points indiqués sur le second montant, on fait de même pour les autres.

On découpe dans de la paille des barreaux égaux ou allant en diminuant, mais il est plus facile de faire une échelle dont les barreaux sont de même dimension. On enfile une aiguille avec de la laine, on traverse le premier trou d'un montant, on enfile une première paille pour former le premier échelon, on traverse le premier trou d'un autre montant, on traverse dans le sens opposé le second trou

Elle est solide, les montants sont retenus par une laine.

Pour faire cette échelle double, on découpe quatre montants dans du carton, c'est-à-dire quatre bandes très étroites, d'une longueur déterminée, on en arrondit les extrémités.

A l'aide d'un poinçon, on perce des trous dans la hauteur des montants, tous à égale distance les uns des autres; on prend un second montant, on pose le premier dessus et on repique avec le immédiatement au-dessus de celui-ci, on enfile une seconde paille pour faire le second échelon, on traverse le deuxième trou du premier montant et ainsi de suite. Pour solidifier le travail on repasse la laine en sens inverse.

Le petit oranger est formé de papier étroit, vert, plissé et de petites balles jaunes; la caisse est en carton brun traversé par des laines qui retiennent la tige de l'arbre à sa place.

Le ballon à nacelle. Les balles

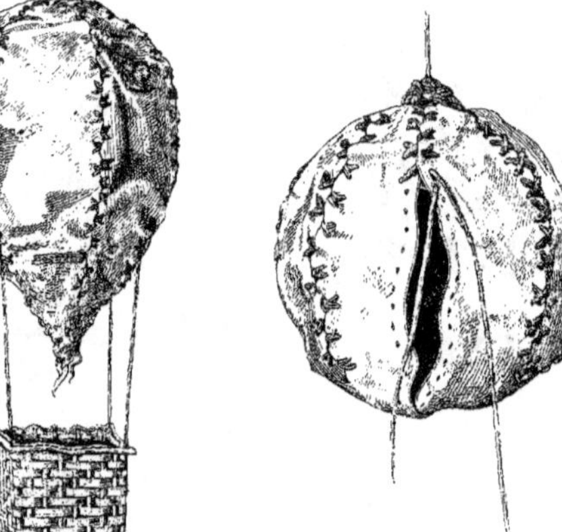

Mes petits amis, il n'y a rien de plus mignon que ce ballon à nacelle, c'est un des plus gracieux ouvrages que vous puissiez faire.

Pour obtenir le ballon, vous prendrez du papier assez résistant et vous découperez les parties du ballon sur le patron des pièces qui forment l'œuf de Pâques, vous les rattacherez les unes aux autres à l'aide d'une double laine. La façon de ces coutures se devine en regardant le modèle. Choisissez bien la couleur de la laine pour que les coutures soient très visibles, afin que ce soit très joli.

La nacelle se fait en appliquant le procédé de l'échelle pour tenir les pailles.

On découpe deux cadres en carton, on les met l'un sur l'autre, et l'on y fait des trous à l'aide d'un poinçon ; on a des pailles égales, hautes comme la nacelle, on les enfile entre les 2 cartons comme on a enfilé les pailles de l'échelle. Le tissage en papier se fait ensuite.

Pour attacher la nacelle, on fixe des laines par un bout aux coins de la nacelle et par l'autre au sommet du ballon en passant au centre.

Si, au lieu du ballon, on veut faire une balle, on attache un bout de laine au bas du ballon, on le fait traverser le ballon et dépasser au-dessus ; on tire un peu, le ballon s'arrondit.

Le ballon fini, il ne peut rester sans être attaché, suspendez-le donc sous une planche d'étagère, ou accrochez-le à un long clou, près du mur.

Dans la nacelle du ballon placez deux petites poupées en papier, habillées en messieurs, l'une pourrait tenir à la main une longue lunette d'approche que vous feriez en tournant une petite bande de papier noir. De chaque côté de la nacelle, vous pourriez aussi fixer deux drapeaux.

Quant aux balles, si vous ne voulez pas qu'elles s'affaissent, il faut avoir soin, avant de terminer la dernière couture, de les remplir avec un peu d'ouate ou du papier frisé et tourné en boule.

Chers enfants, les modèles les plus simples sont toujours les plus jolis. Cette corbeille est absolument facile à imiter. Elle est faite avec un rectangle de papier bleuté dont on a enlevé les quatre coins, c'est-à-dire quatre carrés. Ensuite les côtés ont été pliés, relevés et retournés sur les bords à l'aide d'un crayon servant de moule. On a mis de la mousse au fond de la corbeille et l'on a posé dessus ces fleurettes dont voici la façon. Ce sont des rondelles en gros papier sur lesquelles on a peloté de la petite laine comme sur un peloton en passant deux ou trois fois dans chaque cran; au milieu on met un œuf en laine jaune. Il y a ici comme ornements et servant d'anse une cordelière à bouchon, dont on peut se passer, mais qu'il vous serait agréable de savoir faire, sans aucun doute.

Vous demandez peut-être, qu'est-ce que la cordelière à bouchon?

C'est une tresse que les enfants font aisément sur un bouchon. Voici le procédé : le bouchon est percé comme une bobine; sur un côté, on y pique quatre fortes épingles, on prend un peloton de laine, on tire le bout, et on tourne la laine une fois autour des quatre épingles près du bouchon; on commence à tourner la laine une seconde fois, mais jusqu'à la seconde épingle; alors ayant une cinquième épingle libre, on s'en sert, à l'instar d'un crochet, pour faire passer la laine du premier tour comme une maille au-dessus de la laine du second tour et par-dessus la tête de l'épingle, on passe à l'épingle suivante devant laquelle l'on pose le second rang de laine, rejetant la maille du dessous au-dessus et de l'autre côté de l'épingle, on continue toujours ainsi. Autrement dit, on tourne constamment la laine dans le même sens, mais chaque maille dessous doit toujours être prise par l'épingle, tirée pour pouvoir être rejetée à l'intérieur du bouchon, au-dessus de la tête de l'épingle, en passant sur la nouvelle maille.

Mes petits enfants, servez-vous de ce joli panier pour y mettre, à la bonne saison, de la mousse dans laquelle vous piquerez des fleurs naturelles, des violettes par exemple ou de petites pâquerettes, des roses, des boutons-d'or.

Vous pourrez aussi l'emplir de fraises en ayant soin de disposer au fond quelques feuilles.

Placez-le au milieu de la table à l'heure du dîner pour charmer les yeux de vos chers parents.

Cette voiture se confectionne avec de vieilles cartes à jouer.

On prend une des cartes, on replie à l'intérieur les bords parallèles des grands côtés, on courbe une autre carte dans sa largeur pour former une capote qu'on place dans la première carte où elle se trouve retenue par les bords pliés et redressés de cette dite carte.

Cette voiture de blanchisseur est traînée à l'aide d'un fil passé dans un trou et noué ensuite.

La voiture du blanchisseur peut facilement être transformée et devenir la voiture du berger. Elle exige un peu plus de travail. Il faut découper les brancards en évidant le papier entre les deux replis de la première carte.

Au lieu de courber la capote, on en fait un petit toit, car la voiture du berger est plutôt sa petite maison. C'est là qu'il dort, l'œil ouvert, veillant à son troupeau, avec son chien fidèle.

Pour obtenir le toit, on plie la carte en deux; la pliure marque le faîte de la maison. Enfin, avant de faire tenir le toit sur sa base, on découpe une petite fenêtre latéralement.

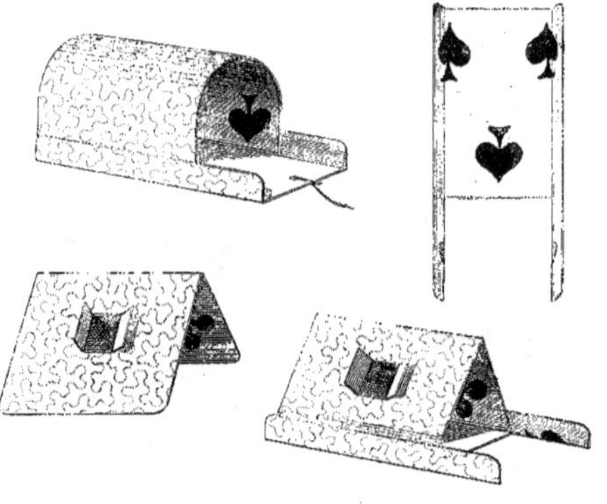

La maison du berger ne peut se traîner: pour la faire avancer, les enfants prendront les brancards et la tireront ou pousseront comme une brouette.

Les vraies maisons de berger ont des roues.

Quand vous voudrez faire jouer votre petit frère ou votre petite sœur, essayez de mettre dans leur petite main une ficelle au bout de laquelle vous aurez attaché un bout de papier, vous les verrez tout joyeux faire le tour de la chambre.

Il ne faut pas rire de cette petite voiture, elle suffit aux bébés pour les amuser. Le grand avantage de ce jeu c'est que la voiture ne se renverse pas; n'importe comment le bout de papier est tiré, c'est toujours bien, mais il ne faut pas qu'un petit chat arrive, car il voudrait aussi s'amuser, et la voiture pourrait bien se détacher de la ficelle.

La brouette de Pithiviers

Découpage et piquage.

La construction en est facile. Un bout de gros papier ou de carton découpé sur un modèle, un pliage aux traits pointillés, quelques points de piquage pour faire les surjets qui doivent fixer le fond de la brouette à ses côtés, une roue pleine taillée sur une pièce de monnaie, traversée par un bout d'épingle à cheveux, et c'est fait.

Ici, mes enfants, l'on a pris de vieilles cartes, c'est ce qui explique les dessins que vous voyez, mais les brouettes n'ont pas besoin d'être ornées.

Voici ce que nous vous conseillons de faire pour obtenir plusieurs brouettes, afin de jouer avec plusieurs camarades; mettez un papier à décalquer sur le modèle, c'est-à-dire sur le patron de la brouette, tracez-en les contours; indiquez les traits pointillés, les piqûres et les traits pleins. Avec vos bons petits yeux regardez bien : les traits pointillés indiquant les pliures sont tout petits. Ensuite découpez votre papier à décalquer; avec une épingle piquez les endroits où il y a des points; faites deux trous mieux marqués à l'en-

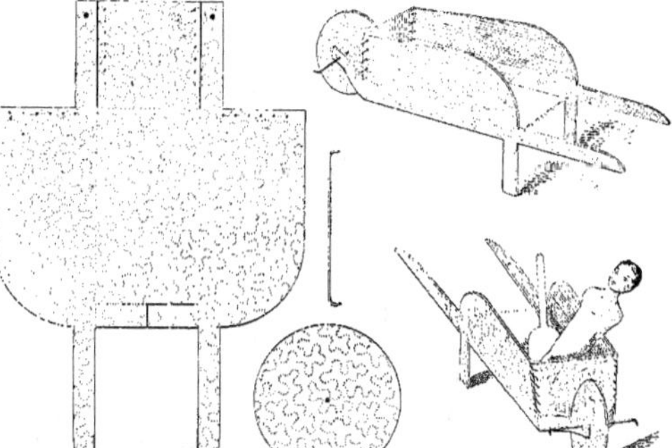

droit où l'épingle à cheveux devra passer en traversant la roue.

C'est un premier patron; si vous ne le trouvez pas assez résistant, vous pouvez en refaire un autre sur un papier plus épais.

Pour obtenir la roue vous pouvez procéder de même, vous serez sûrs d'avoir votre centre, c'est-à-dire le point du milieu.

Vous ferez les entailles indiquées, les deux que vous voyez en face l'une de l'autre en haut du patron, destinées à détacher le fond de la brouette, lequel doit être redressé et plié ainsi que les côtés; puis vous dégagerez à droite et à gauche des brancards les deux pieds de la brouette. Pour cela vous coupez au milieu d'abord.

Vous donnez à la brouette sa forme et vous cousez avec un fil le fond aux côtés. Vous prenez une épingle à cheveux, vous la cassez en deux, vous traversez la petite partie qui doit retenir la roue à la brouette, vous traversez la roue et l'épingle passe auprès de l'autre côté.

La bourse à Nicolas

Arrondissez un morceau de papier léger. Lorsque votre pliage vous donnera la disposition du parachute au repos, vous ferez des trous égaux, ou à peu près, en enlevant de chaque côté, vers le bord, un morceau de papier.

Vous développerez votre travail et passerez au travers des trous une soie, une laine, une ganse quelconque; vous nouerez ensemble les deux bouts qui devront rester flottants.

En serrant la coulisse, chiffonnant un peu le papier, on obtient la bourse des gros marchands de chevaux.

Cette bourse peut être exécutée avec des morceaux d'étoffe, les trous se font alors avec des ciseaux.

L'enfant s'en servira pour serrer dedans des billes et même des perles, des graines.

Si le papier est assez grand, s'il est doublé, on peut obtenir, au lieu d'une bourse, une coupe fort mignonne pour mettre des bonbons, des

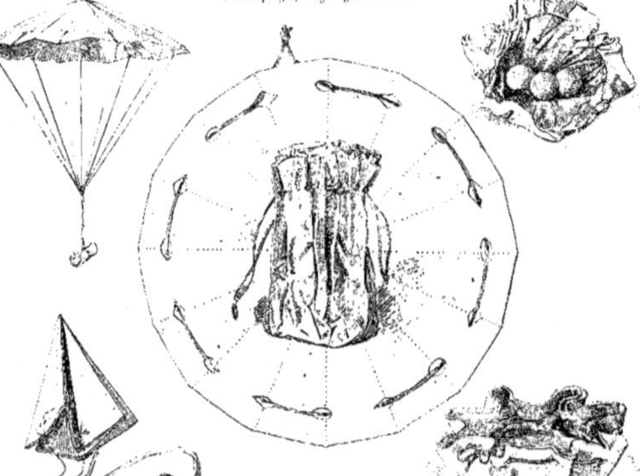

Découpage, enfilage, nœuds.

jetons, des fils, des cartes de visite. Il suffit, lorsque le cordon est passé, de le serrer légèrement de façon à faire relever le bord de la coupe qui se gondole naturellement.

Enfin, on fera un parachute en passant et en nouant un fil dans chaque trou, et en réunissant tous ces fils un peu longs, au même point, à un poids quelconque capable de faire descendre doucement le parachute.

Il n'y a rien de plus joli que le parachute. On le fait généralement en papier de soie. Si vous ne voulez pas attacher les fils en les passant au travers des trous, vous pouvez faire comme les marchands, prendre des ronds de papier de la taille d'une pièce de 1 franc, y mettre de la gomme, coller le fil derrière ce rond et ensuite l'appliquer sur le parachute de manière que le fil se trouve alors entre le parachute et le bout de papier, mais à l'envers du parachute.

Le collier de pèlerin

Procurez-vous quelques coquilles de Saint-Jacques, appelées encore peignes; il y en a partout, car c'est un coquillage comestible. Nous voulons dire qu'on en trouve dans toutes les villes importantes et sur toutes nos côtes maritimes; on en trouve aussi à la campagne, sur les cheminées des paysans, elles ont été rapportées d'un voyage, ou achetées dans une boutique ambulante sous la forme de pelote.

Regardez la forme gracieuse de cette coquille, voyez la charnière qui relie les deux valves, les oreillettes triangulaires qui l'accompagnent, remarquez la couleur des valves et les stries qui les décorent.

Pour exécuter en papier le collier de pèlerin, voici le procédé : vous prendrez la valve plate indiquerez les oreillettes, et pliant le papier en deux, vous plisserez votre coquille comme si c'était un éventail, mais en commençant par le milieu et en faisant partir tous les plis du milieu de la charnière.

Vous colorierez la coquille en rose avec un crayon.

Avec sept coquilles vous pourrez faire un collier, vous les coudrez ou les collerez sur une petite bande de papier; vous placerez ce collier sur vous, et pour ressembler à un vrai pèlerin, vous prendrez un bâton.

Pourquoi les pèlerins ornaient-ils leur poitrine de la coquille de Saint-Jacques?

Est-ce par similitude, parce que l'animal qui habite cette coquille est très vagabond?

Tout voisin des huîtres, il n'en a pas les habitudes,

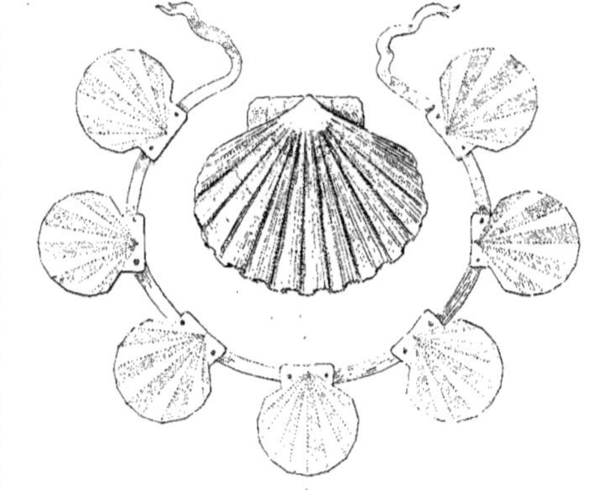

d'une coquille de Saint-Jacques, et avec du papier vous en découperez le contour; les doigts peuvent remplacer les ciseaux, vous il ne reste pas fixé à un rocher, il saute sur les fonds sablonneux en frappant ses valves l'une contre l'autre, il sait se jeter à la mer.

Les pipes en papier de M. Bébé

M. Bébé mange ses pipes en sucre et en chocolat : ici M. Bébé en fabrique lui-même en papier.

Ce M. Bébé est à l'école de Chalon-sur-Saône. Les petits garçons vont certainement imiter M. Bébé.

On fait d'abord les tuyaux des pipes, comme on fait des allumettes en papier, avec une bande ayant environ 15 centimètres de longueur sur 2 de largeur. On ne serre pas le commencement du tuyau pour qu'il reste ouvert à l'endroit où il recevra le corps de la pipe.

On tourne ensuite sur son doigt un petit cornet, on le ferme en serrant bien le papier, on obtient le corps de la pipe dont on fait entrer la base

retournée dans le tuyau.

L'effet est si ressemblant lorsque le papier employé est très blanc que, sur les pipes envoyées de Chalon-sur-Saône, on a écrit *Gambier*, nom d'un fabricant de pipes en terre renommées.

On bourre ces pipes avec de la laine marron, couleur de tabac, et l'illusion est complète.

Vous voyez sur l'image un cendrier dont la façon sommaire est visible : un morceau de papier dont les bords sont relevés et les coins rentrés à l'intérieur.

Pour compléter le service du fumeur, vous faites des allumettes en papier et vous les placez dans un cylindre également en papier.

La barque indienne

Le bateau que vous allez faire a son modèle en grand à Paris dans le musée du Trocadéro.

Il a été rapporté de très loin, par des savants qui avaient été chargés de voyager pour venir ensuite nous raconter ce qu'ils auraient vu de curieux.

Ces voyageurs, après avoir été sur mer pendant un long mois, arrivèrent dans un pays chaud où ils virent un fleuve ayant cinquante bouches, c'est-à-dire formant cinquante cours d'eau au moment de se jeter dans la mer.

Ils virent des bateaux très curieux : la coque, creusée dans un arbre, était étroite et longue.

Certains de ces bateaux n'avaient pas de voiles, d'autres en avaient deux grandes, énormes, faites comme des nattes, en bambou. Le bambou est une sorte de paille très solide. Pour faire notre bateau, nous prendrons de la paille ; les tiges de bambou sont fendues, nous fendrons notre paille.

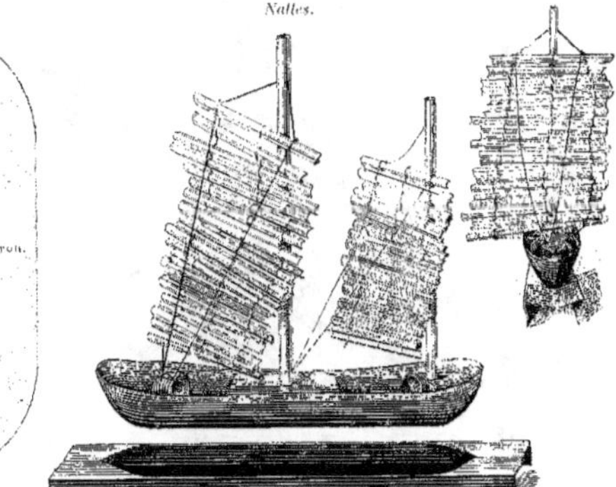

Patron.

Nattes.

Nous avons coupé les pailles fendues sur la largeur des voiles, et nous avons fait des nattes en les nouant avec du fil.

Vous voyez ici sur notre dessin comment on fait les nattes : on pose une paille, on la noue en trois endroits par trois fils doubles, on place une deuxième paille entre les deux brins de chaque fil, on refait trois nœuds dessous chaque paille et ainsi de suite.

Les voiles se fixent en un seul endroit en haut sur une paille plus grosse, formant le mât, qui les tient à la quille du bateau à l'aide d'un petit banc percé d'un trou.

Les voiles changent de position à volonté. En haut de chaque voile, de chaque côté, il y a un fil simulant le cordage : on prend les deux fils, la voile tourne selon le vent, et on les attache dans le bateau.

Dans la vraie barque, il y a des traverses faisant bancs pour fixer les cordages. Notre coque est en papier noir.

1. Curiare à deux voiles des Indiens de l'Orénoque (mission Chaffanjon).

La pelote-soleil

Tapisserie.

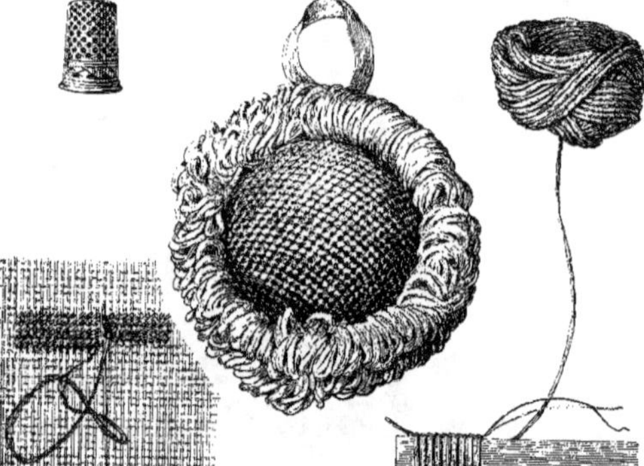

Voici nos petites filles bien contentes ; nous leur donnons un dé, une aiguille, un bout de canevas, et de la laine marron.

Elles savent tenir l'aiguille, puisqu'elles ont fait des piquages; le canevas porte les points marqués, c'est du canevas Pénélope.

Il s'agit de le couvrir de points simples, allant toujours dans le même sens.

Nous bannissons pour les petits enfants les travaux de longue haleine; ce recouvrage de canevas exige à peine quelques heures.

La pelote représente la belle fleur d'automne nommée soleil, les points de canevas marron simulent les grains si aimés des perroquets.

Ce canevas s'applique sur une pelote.

Il faut faire la couronne jaune, en laine également, comme une frange sur un moule en petite carte, c'est-à-dire sur une petite règle.

On a un fil de laiton très fin, on le plie en deux, on le pose sur le bord du moule, on passe la laine une fois autour du moule, on fait croiser le fil de laiton sur le bout de laine, on fait un second tour, on recroise le laiton; c'est d'ailleurs le même travail que celui qui est indiqué pour les feuilles de l'arbre de Noël (*voir plus loin*).

On pose ensuite cette frange autour de la pelote sur deux rangs, en la fixant avec quelques points.

Enfin. pour attacher la pelote, on met une petite bourlette ou un anneau.

La pelote, au lieu d'être un soleil, peut simuler un dahlia, il s'agit de changer les couleurs.

Il ne faut pas que la pelote soit grande, elle ne ressemblerait plus à la fleur; il ne faut pas qu'elle soit trop petite, elle ne serait pas utile; elle doit être un peu plus grande que notre modèle.

La petite fille ne mettra pas huit jours en travaillant une heure par jour. Elle devra demander qu'on l'aide un peu pour la confection de la pelote elle-même, puis pour fixer le canevas sur la pelote et coudre le double rang de franges.

Le raphia ne coûte presque rien, il se vend chez les marchands de fleurs, il sert à faire des liens pour les jardiniers.

Sa ténacité est extrême, il est de plus très souple.

Ce textile provient de la feuille d'une sorte de bananier.

La longueur des brins de raphia donnera l'idée de la taille des feuilles.

Vous voyez sur la planche un brin de raphia tourné en écheveau, nous en avons fait des cabas très gracieux.

Nous prenons un carton ayant la taille du cabas désiré, et nous tournons autour, nous pelotons, si vous aimez mieux, un brin de raphia, comme nous peloterions de la laine, mais en ayant soin de ne pas mettre deux fois le brin sur lui-même; nous faisons donc une chaîne qu'il s'agira ensuite de tramer.

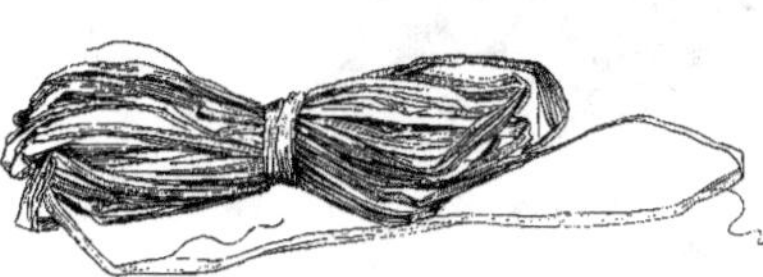

Pour obtenir la trame, nous enfilons un brin de raphia dans une grosse aiguille à laine, nous partons du point qui sera l'ouverture du cabas et nous passons dessus, dessous la chaîne absolument comme dans les tissages en papier; mais, quand un côté est fait, nous poursuivons de l'autre et nous nous retrouvons à l'ouverture du cabas, en face notre commencement; nous ne traversons pas, il faut laisser l'ouverture; nous revenons sur nos pas, formant près du premier rang un second rang qui continuera de l'autre côté, rejoignant le commencement du brin; nous revenons sur nos pas, ainsi de suite, jusqu'à ce que le travail soit fait.

Nous entourons l'ouverture du cabas d'un point de feston. Nous formons les anses avec deux brins de raphia tortillés ensemble. Enfin nous doublons le cabas avec du papier de soie bleu ou rose.

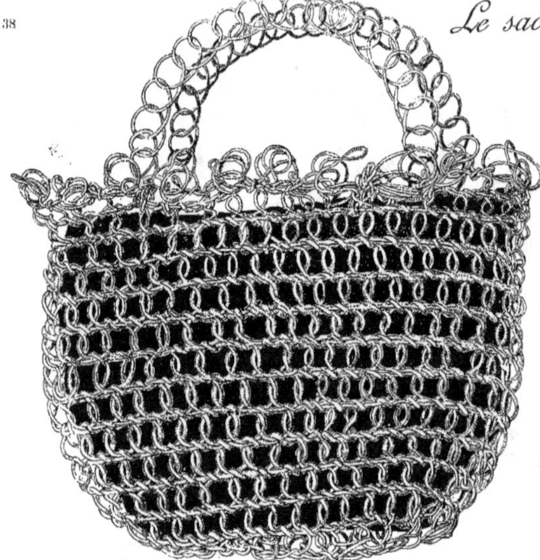

Le sac à marrons d'Inde

Fantaisie dauphinoise.

C'est très amusant de ramasser les gros marrons avec lesquels on joue si bien, mais les petites poches sont vite remplies et se crèvent. Faites-vous donc des sacs en ficelle à l'instar des petits enfants des écoles maternelles de l'Isère. Regardez le dessin du sac, voyez les anses, reconnaissez-vous le travail de la chaînette? Tout le sac est fait avec cette chaînette.

On tourne une ficelle deux fois autour de l'index, on fait tomber le premier tour en le faisant aller au bout du doigt au-dessus du second tour, on fait décrire à la ficelle un nouveau tour sur le doigt, on fait tomber le second en le passant sur le nouveau, et ainsi de suite.

On obtient la chaînette, on en fait un long bout.

Ensuite, pour former le sac, on commence par le fond, on place la chaînette à plat en tournant pour obtenir le cercle, les autres rangs suivent les uns au-dessus des autres.

Mais tous ces rangs sont reliés les uns aux autres par une ficelle qui forme une sorte de surjet en passant toujours autour de deux mailles de deux rangs voisins.

Le travail est visible sur le dessin; nous avons mis un papier noir pour qu'il ressorte mieux, mais le sac est à claire-voie.

Le haut du sac est orné d'un double rang, qui n'est pas nécessaire, c'est un ornement.

Leurs couronnes et leurs manteaux sont en feuilles mortes; le roi tient dans sa petite main un rameau défleuri, dont les feuilles sont prêtes à tomber : c'est son sceptre.

Ces enfants sont fort jolis ainsi, ils ressemblent à des personnages de contes de fées; ils sont vêtus de rayons dorés, les derniers de l'automne; ils marchent doucement accompagnés du bruissement léger des feuilles qu'ils froissent sous leurs pieds et de celles qui se choquent dans leurs manteaux.

Quiconque a vu une fois ce délicieux spectacle ne saurait l'oublier, c'est d'une poésie que nous ne saurions définir : la jeunesse des enfants, en contraste avec la fin de la saison, la grâce que la nature prête à toute chose, rien n'y manque.

Apprenez donc, chers enfants, à faire ce tissage.

Attachez toutes les feuilles à la suite les unes des autres en guirlandes, comme vous le voyez |

sur le modèle, absolument comme on fait tenir deux étoffes avec une épingle; les trous se font avec les doigts.

La feuille de platane se prête tout à fait à cet exercice, la feuille de vigne aussi. Ce qui remplace les épingles, ce sont les pétioles, c'est à dire les queues des feuilles qui en se séchant sont devenues dures comme du bois. Les manteaux sont formés de trois rangées de feuilles mortes qui sont rattachées à un petit collet également en feuilles mortes.

La pointe des feuilles est toujours dirigée vers la terre, ce qui produit les gracieuses dentelures de la traine des manteaux.

Pour obtenir les couronnes royales, on procède différemment; on pose les feuilles la pointe en l'air et on les attache l'une à l'autre à droite et à gauche, à l'aide de ces

sortes d'épingles, les chevrons restent intacts, le lien ne les traverse pas.

La chaîne

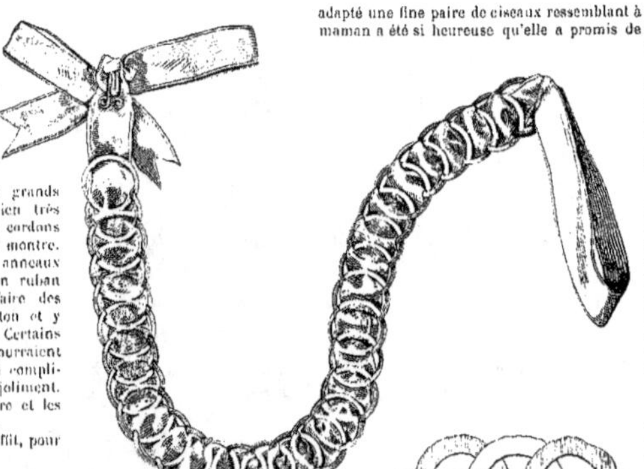

Cette chaîne n'est pas une nouveauté, mais elle a été employée avec succès par Mlle Anna Renezet, de Saint-Quentin-la-Poterie, qui en fait un travail absolument facile pour les enfants. Cette chaîne sert à porter des ciseaux; vous pouvez prendre des anneaux plus grands et faire des colliers de chien très souples, des embrasses, des cordons de sonnette, des chaînes de montre. Pour ces dernières, les anneaux devraient être noirs avec un ruban de taffetas. Vous pouvez faire des anneaux en papier, en carton et y passer des rubans de papier. Certains ornements ainsi exécutés pourraient se coller sur des feuilles de compliment et les encadreraient fort joliment. Ce travail fait peut se défaire et les anneaux servir indéfiniment.

C'est fort avantageux. Il suffit, pour faire tenir les anneaux, de poser tour à tour un anneau sous un autre, dans la disposition marquée sur le dessin à gauche, et de l'enfiler avec le ruban.

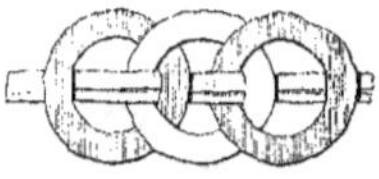

La gentille petite Simone et son frère Albert ont fait une chaîne bleue avec des anneaux d'argent pour l'anniversaire de leur maman, ils y ont adapté une fine paire de ciseaux ressemblant à un oiseau au long bec. La maman a été si heureuse qu'elle a promis de ne jamais se servir d'autres ciseaux que ceux-là.

Les anneaux en cuivre, qui sont très bon marché, font un très joli effet avec du ruban bleu. Vous voyez, à droite du dessin, trois anneaux en papier retenus par une traverse.

Pour que vous compreniez bien, l'anneau du milieu est blanc, celui de droite et celui de gauche sont teintés. Vous prenez un anneau teinté, vous posez dessous un anneau blanc, puis prenant une bande étroite de papier replié plusieurs fois pour l'avoir solide, vous la passez dessous l'anneau noir, dessous l'anneau blanc, mais il doit revenir au-dessus de la chaine commencée en enfilant l'anneau blanc et en passant ensuite au-dessus de l'anneau noir. On pose un autre anneau noir sous le second, dans la disposition marquée sur la figure, et on fait exactement le passage de la traverse comme la première fois. Ainsi de suite on continue.

Les maisons démontables

Il ne nous semble pas avoir jamais vu rien de plus simple et de plus amusant que les maisons, les châteaux, les tours envoyés de Nice par la directrice de l'école Rothschild.

Cette villa est bleue, en petite carte, nous avons vu des constructions élevées avec des cartes-réclames des magasins de Nice.

Ces cartes ont toutes la forme rectangulaire des cartes à jouer. Il vous sera facile d'obtenir ce matériel.

Le travail est d'une simplicité inouïe. Il suffit simplement de faire à chaque carte, à droite et à gauche sur la largeur, un repli, de façon que la partie du milieu reste un carré parfait (fig. 1), ce qu'on obtient en plaçant deux cartes en croix l'une sur l'autre et en pliant ce qui dépasse de chacune.

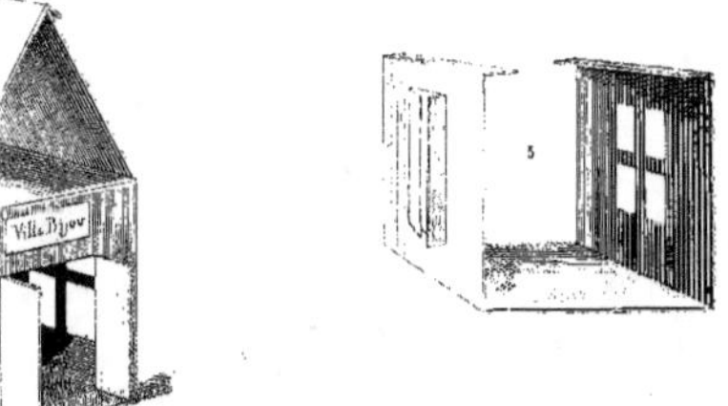

On assemble ensuite deux de ces cartes en les appliquant l'une sur l'autre (les pliures étant à l'intérieur et contrariées). On a ainsi un carré dont le contour présente des fentes latérales (fig. 2). Les carrés ainsi assemblés servent pour les planchers et les plafonds.

Maintenant il faut dresser les murs, on prend deux plafonds et quatre cartes simples. Dans les fentes de la base de la villa formée d'une double carte, nous entrons quatre cartes simples jusqu'à la pliure; nous les dressons verticalement, et, prenant un plafond, nous faisons entrer dans ses côtés le haut de nos murailles (fig. 3). Nous avons un cube parfait.

Le toit se fait avec deux cartes qu'on entre dans les côtés latéraux de la villa. La ligne du faîte est formée des bords des deux toits, on fait un trou et l'on passe la cheminée qui est un simple cornet. C'est elle qui tient le toit. Maintenant vous pouvez ouvrir des portes, des fenêtres, cela ne vous coûtera aucun impôt et sera délicieux.

Votre maison peut se démolir en un instant, se mettre dans la poche; c'est d'ailleurs la façon la plus pratique de la déménager. En quelques minutes, les plus jeunes enfants la rééditeront.

Une rue de Nice en papier

Pliage et construction.

Ce petit coin de rue en papier est charmant, mais le dessin ne peut se comparer à la réalité. On n'a pas cru utile de vous dessiner les arabesques peintes sur toutes les murailles de ces monuments, mais supposez-les puisqu'ils sont élevés avec des cartes-réclames des magasins. Ajoutez-y des couleurs délicieuses et vous comprendrez le plaisir des enfants lorsqu'ils jouent à ces constructions qui ne peuvent subir aucune avarie.

Vous connaissez le principe pour construire une villa, vous n'avez pas à chercher d'autres matériaux pour élever des maisons de plusieurs étages et la tour superbe que vous voyez là.

Toujours vous prendrez des cartes rectangulaires dont vous relèverez les deux côtés de façon qu'il reste un carré parfait au milieu. Disposez les plafonds encore de la même manière, mais passez un bout de carte d'une chambre à une autre entre les deux cartes formant plafond.

De belles petites cheminées cornées alternent sur les toits des hôtels, des deux côtés.

Un beau drapeau surmonte la tour, et quelques bandes de carton dentelées d'un côté, pliées à l'opposé, forment les frises et les balcons; on les fait tenir en passant la partie pliée entre les deux cartes des plafonds.

Quelques enfants ornent l'intérieur de ces maisons de petits dessins formant tableau, ils mettent des chaises, des bancs, des tables en papier et de petites poupées aux fenêtres.

Quelques-uns même font des arbres en allées devant les maisons.

Certes, c'est un jeu amusant et facile dont il faut remercier encore la bonne religieuse de l'école Rothschild, à Nice.

Nous ne vous avons pas parlé de la façon de faire les fenêtres et les portes, parce que vous êtes trop petits pour les ouvrir vous-mêmes dans du papier carte, mais votre maman ou votre papa vous feront ce petit travail qui exige l'emploi d'une règle, d'un crayon, d'un canif et d'un compas.

Château d'Auvergne

Papier roulé (serpentins).

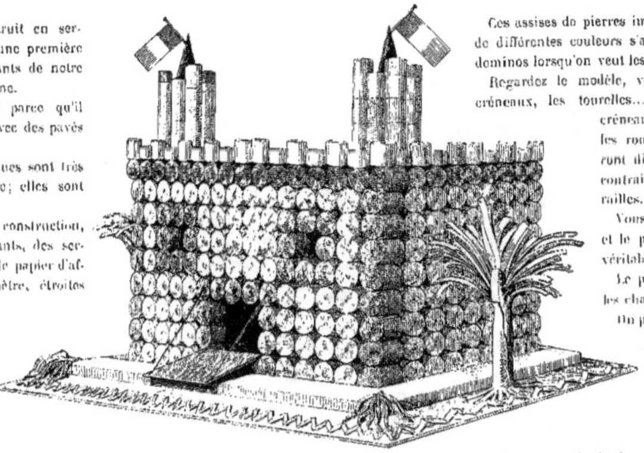

Ce château est construit en serpentins, il a été édifié une première fois par des petits enfants de notre chère province d'Auvergne.

Il paraît très massif parce qu'il simule un château fait avec des pavés en basalte.

Or les pierres basaltiques sont très répandues en Auvergne; elles sont très dures.

Pour imiter cette construction, prenez, mes petits enfants, des serpentins ou des bandes de papier d'affiche, longues d'un mètre, étroites d'un centimètre.

Comptez les pierres sur le modèle pour trouver la largeur de votre carton, mais il peut être plus large sans inconvénient.

Vous roulerez vos bandes, puis vous les collerez pour qu'elles restent roulées, mais vous ne réussirez pas toujours, les rouleaux se dérouleront en papillotes, ce qui vous fera bien rire, et vous forcera à recommencer.

Ces assises de pierres imitées en papier roulé de différentes couleurs s'appliquent comme les dominos lorsqu'on veut les dresser en tour.

Regardez le modèle, voyez les fenêtres, les créneaux, les tourelles.... Pour obtenir les créneaux et les tourelles, les rouleaux du dessus seront disposés dans le sens contraire à celui des murailles.

Vous distinguez la porte et le pont-levis, qui se lève véritablement.

Le pont se fera en papier, les chaines avec du fil.

On posera un papier fort ou un léger carton pour faire le toit, sur lequel on mettra les deux tours pointues surmontées d'un drapeau tricolore.

Une couleur noire sur le carton de la base simulera les fossés, les arbres se feront d'après le modèle du *Monde en papier*, comme des manches de gigot. Un papier vert plié en dents représentera les herbes.

La corbeille d'Aix-les-Bains

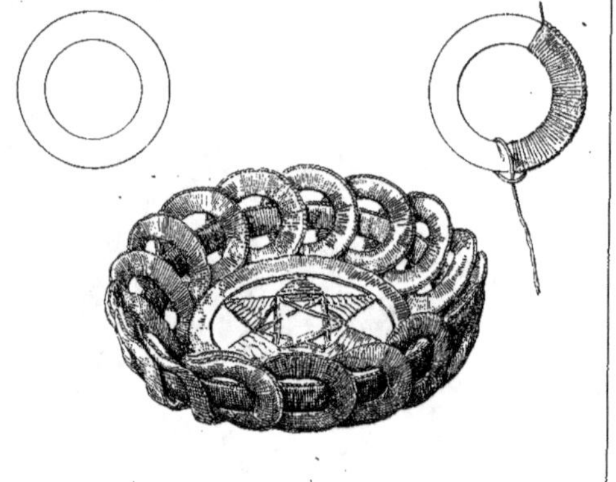

Lorsqu'une couturière veut recouvrir un petit anneau avec de la soie pour remplacer une bride, elle fait, autour de l'anneau, un point de feston.

Les anneaux de la corbeille se recouvrent de même au point de feston.

Mais quels anneaux prend-on pour cela?

Quelquefois des anneaux de rideaux.

C'est encore un peu cher. A l'école maternelle d'Aix-les-Bains, on prend des anneaux en carton, ou en papier fort.

Mes petits enfants, demandez à votre papa de dessiner une première fois un cercle avec un compas ou de vous prêter une pièce de cinq francs pour en découper le contour sur du papier.

Le cercle obtenu, on le découpe, on le perce au milieu, on en fait un anneau. C'est le patron sur lequel on peut ensuite découper autant de cercles qu'on en désire.

On les recouvre de laine en faisant le point de feston.

La corbeille d'Aix-les-Bains est fort jolie, les anneaux sont de nuances différentes, depuis le rose pâle jusqu'au beau rouge; l'effet est très harmonieux.

Ils sont attachés les uns aux autres et retenus à l'aide d'une bande verte recouverte de laine par le même procédé.

La corbeille d'anneaux a pour base un grand anneau vert au milieu duquel on a fait en laine une étoile, comme on les fait dans les points à jour.

Cette corbeille est commode pour mettre des cartes de visite, elle peut donc être offerte à une fête, à un anniversaire.

Nous prévenons les petites filles que ce travail intéressant exige un peu de patience, mais on en a toujours assez quand on veut offrir un cadeau à sa maman, à son papa ou à quelqu'un qu'on aime de tout son cœur.

Les anneaux recouverts ne servent pas qu'à faire des corbeilles, on en fait encore des cache-pots, des encadrements, des boîtes, des cabas, des ceintures, etc.

Prendre un rectangle de papier ayant à peu près les dimensions suivantes : 4 centimètres sur 12.

Faire un pli, sur la longueur du papier, d'environ 3 centimètres, on obtiendra la hauteur des pieds de la chaise en avant.

Plier en deux le papier, toujours sur la longueur, en enfermant le premier pli.

Ouvrir le plinge en ayant soin de laisser le premier pli serré, le faire tenir sur une table comme cela $\wedge$, mettre à droite le côté où il y a le pli serré.

Regardez l'image, la jambe de gauche représente le dossier de la chaise et les pieds de derrière, mais le dossier n'est pas formé seulement de ce côté simple ; voyez, jusqu'au siège il est doublé. Pour finir le

Refermer les plis avec soin et faire plisser dans le sens de la largeur du papier.

Regardez sur la planche de dessin le procédé pour développer : 1° le double pli contenant le siège et les pieds de devant, et 2° les pieds de devant tout seuls.

Ce travail a été exécuté devant nous par tous les enfants de la première classe de l'école maternelle du boulevard de Belleville, à Paris, mais s'il est possible d'imiter un travail quand on le voit faire, il est assez difficile de l'exécuter d'après un livre, même quand l'explication est augmentée de figures.

Nous conseillons aux petits enfants, si notre explication leur paraît compliquée, de prendre une bande de papier de la taille indiquée et sur

croquis de la chaise, regardez la figure sous la chaise, il suffit de prendre le premier pli resté serré et d'en faire un second au-dessus, de même hauteur, plissé dans le sens opposé. la chaise de la princesse de suivre tous les mouvements du pliage, ils ne se tromperont pas, ils comprendront ensuite le procédé pour faire de mémoire d'autres chaises : c'est le but de notre explication.

La crèche

Tissage.

Comment fait-on ces barcelonnettes si mignonnes?

On prend un papier à tissage, on en arrache les larges bords sur trois côtés; on déchire en plus quelques languettes de la trame, elles sont destinées à faire le tissage.

On tisse. (Fig. 1.)

On enlève le quatrième bord qui n'a servi qu'à soutenir les fils de la trame. On pique avec une épingle l'extrémité de tous les bouts de papier pour faire des trous.

On plie à droite et à gauche les bandelettes qui doivent fermer la capote (*voir la planche*, fig. 2).

On relie par un fil passé dans les petits trous toutes les bandes du pied du berceau et on noue.

On noue également les deux extrémités d'un fil passé dans les bandelettes de la capote.

Mais on peut faire des berceaux sans capote, le pied ressemble à la tête, c'est plus simple.

On peut, au lieu de fil, passer un bout de fin laiton.

Le support de la barcelonnette s'obtient en coupant un carré de papier très fort et en laissant à chaque coin deux bouts de papier, dont l'un deviendra un pied en le rabattant et l'autre un montant.

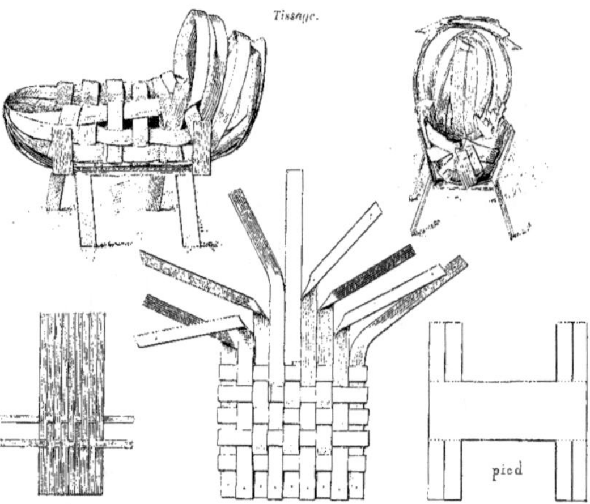

Le piano de bébé

Mes enfants, ne croyez pas que ce piano soit difficile à faire, vous seriez dans l'erreur, aucun travail enfantin n'est plus simple.

Il faut des bandes de papier écolier réglé, ayant 13 centimètres de largeur sur 40 centimètres de hauteur environ.

Voici les six pliures qu'il y a à faire les unes après les autres en suivant les lignes tracées sur le papier :

1re pliure, en dehors sur la 4e ligne;

2e pliure, en dedans sur la 8e ligne;

3e pliure, en dehors sur la 12e ligne;

4e pliure, en dedans sur la 20e ligne;

5e pliure, en dehors sur la 28e ligne;

6e pliure, en dehors sur la 40e ligne.

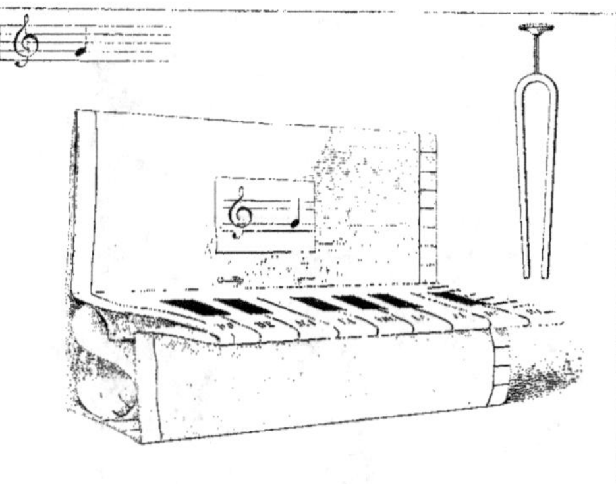

Ensuite vous posez l'une sur l'autre les deux extrémités du papier dans la largeur de quatre raies pour former la base du piano; vous attachez par une épingle les deux papiers; vous pourriez aussi les coller.

Vous posez une autre épingle au fond du clavier pour le fixer au dos du piano. C'est fait.

Lorsque vous aurez compris la construction du piano, vous trouverez facilement la manière de faire le reste, c'est-à-dire le clavier.

Voici notre procédé :

Connaissant la place du clavier, nous la quadrillons; pour cela, nous n'avons qu'à la régler dans le sens de la hauteur, puisque la bande de papier est déjà réglée en largeur.

Nous écrivons le nom des notes, nous noircissons les touches noires, nous mettons les épingles et nous coupons les touches blanches jusqu'à la rencontre des touches noires.

Le retard du clavier s'obtient en pliant chaque note en dedans.

Ce piano peut avoir une mécanique, on prend un bout de papier un peu solide large comme le piano. On le plie en deux, on le coupe comme les manchettes des gigots, on le déplie, on le roule, on le place sous le clavier. On peut faire aller ses doigts sur le piano en papier comme sur les vrais pianos, il faut seulement le tenir avec la main qui ne joue pas, entre le pouce et l'index et par le haut.

Les éléphants de Saint-Chamond

Ces éléphants ont déjà beaucoup voyagé, ils sont venus de Saint-Chamond à Paris. Nous entendons les petits enfants s'écrier :

« Comme ces éléphants sont jolis !

— Oui, ils sont jolis, mais vous les trouverez bien plus jolis encore en apprenant à en faire de semblables. »

Vous prendrez un dessin d'éléphant, le nôtre par exemple. Vous le placerez sur plusieurs feuilles de papier ; ici, il y a une feuille de papier noir placée sur le blanc.

Vous fixerez le dessin aux feuillets avec deux épingles, vous piquerez le contour de l'animal très dru, vous piquerez aussi le tour de l'oreille et, par trois points, vous marquerez l'œil.

Nous n'approuvons le piquage que dans des cas exceptionnels comme celui-ci, quand il n'y a guère à piquer, parce qu'alors ce travail n'est pas fatigant.

Ensuite vous enlevez les épingles, vous conservez le dessin pour une autre occasion, vous déchiquetez vos feuillets ponctués comme on enlève le tour d'une carte-lettre : vous obtenez un éléphant noir et plusieurs éléphants blancs.

Si vous avez été habiles, l'éléphant découpé se séparera du reste, sans déchirer l'entourage.

Vous pouvez poser cet entourage sur un papier de couleur différente, même sur un tissage, et vous obtiendrez d'autres éléphants.

A l'école maternelle si remarquable de Saint-Chamond, les éléphants semblables se collent à la suite les uns des autres en régiment et la directrice les fait additionner ; on peut voir au Musée pédagogique de la rue Gay-Lussac, 41, un tableau moral couvert de ces jolies déchiquetures, il y a des omelettes, des hirondelles, des cerises, des enclumes, des chats, des maisons, etc. Ce travail peut s'appliquer également aux feuilles naturelles ; on obtient des formes charmantes sur lesquelles on trace quelques nervures pour donner un air plus naturel. Des feuilles ainsi découpées et disposées avec goût peuvent servir à orner une couverture de livre, même elles peuvent servir de modèles à broder.

Mes petits amis, nous vous conseillons de faire un album de vos découpures, vous n'aurez qu'à les coller légèrement, vous pourrez même les grouper en histoire. Ce petit cahier sera très amusant à feuilleter les jours de pluie où l'on ne sait à quel jeu jouer.

La layette du poupard : bonnets et capelines

Découpage.

Les poupées aux yeux bleus, aux cheveux noirs et lisses, aux joues vermeilles, sans bras, et qui, agitées, font un petit bruit, dû à deux ou trois cailloux placés exprès dans le cartonnage, s'appellent poupards.

Il faut les habiller pour les rendre intéressants, car on n'est point une petite maman si l'on n'habille et si l'on ne déshabille pas son bébé.

Nous allons indiquer aux petites filles des procédés si simples de coupe et de couture qu'elles pourront aisément devenir modistes et couturières de poupards.

1° *Les bonnets.* — Ayez du papier ou du chiffon. Découpez vos bonnets en rondelles, d'après la mesure de la tête du poupard, faites denteler le tour si vous le voulez, faites encore broder l'intérieur, mais surtout, c'est absolument nécessaire, n'oubliez pas de faire ouvrir sept ou huit fentes pour passer le ruban qui devra donner la forme creuse au bonnet. Ce ruban s'attache sur la tête ou sur le côté. On fixe les brides dessus.

Le ruban peut être remplacé par une laine ou une bande très étroite d'une étoffe déchirée. En regardant la planche de dessins, vous comprendrez ce que nous vous disons.

2° *La capeline.* — Prenez un rectangle de papier ou d'étoffe de la taille nécessaire, prenez la mesure sur le poupard, du sommet de la tête à l'épaule, et doublez cette hauteur. Faites la couture de la capeline, derrière, en passant, comme vous le voyez sur le dessin, un cordon quelconque dans des trous ou des fentes; ce cordon se tourne en nœud au sommet de la capeline.

On fait aussi quelques trous au bas de la capeline pour y passer le ruban d'attache, dont les bouts feront les brides.

Ici nous vous montrons une capeline, dont le bord est ourlé et qui a un ruban traversant l'ourlet pour l'embellir.

L'idée de ces coiffures étant donnée, leurs modifications peuvent être variées à l'infini.

La layette du poupard : robe de baptême, pelisse

Pliage et découpage.

1° *La chemise.* — On prend un rectangle de papier dont la largeur puisse couvrir le tour des épaules du poupard; puis, le posant autour de la poupée de façon à le monter en collerette, on le serre au cou avec une bande de papier ou un ruban quelconque, on rabat la collerette si l'on veut, c'est simple au possible.

2° *Les langes.* — On fait une couche en papier et on la tourne selon l'habitude.

Le lange piqué se pose dessus, il est gaufré. Pour obtenir le tracé du gaufrage, il faut plier le papier plusieurs fois de suite dans un sens et dans l'autre.

On attache le lange comme la couche avec un cordon.

3° *La robe de baptême.* — Celle-ci est fort riche, elle est ornée d'une dentelle très fine, un papier de boîte de dragées!

Vous devinez la coupe de la robe : c'est la chemise, mais plus longue et plus large, sur laquelle on a disposé un tablier et des berthes découpés dans le rond de dentelle.

4° *La pelisse.* — Elle est charmante, drôle à voir, c'est un modèle arabe.

Vous voyez sur le dessin un patron réduit de la pelisse.

Pour la tailler il faut prendre un morceau de papier ayant la hauteur du poupard plus la hauteur du capuchon, et une largeur double de cette hauteur. Ensuite on plie ce papier en deux sur la largeur et on le découpe en regardant le petit patron.

Vous ouvrez le papier, vous rapprochez les deux pointes du capuchon, comme lorsqu'on fait un chapeau de gendarme; vous pliez le capuchon à l'arrière et vous donnez au vêtement sa forme définitive, en chiffonnant un peu la partie située entre le capuchon et le vêtement à l'endroit du cou.

Vous découpez et collez les pompons. Plus la pelisse est grande, plus elle se prête à cette forme simple.

Pliage

Coupes-mousseline.

On fait en papier de soie de si jolis cornets que nous pensons vous être agréable en vous présentant deux modèles très simples.

Il faut prendre du papier de soie à fleurs, le plisser en le passant dans vos mains pendant assez de temps.

Regardez bien les deux modèles pour comprendre leur façon. Le pied est une forte rondelle de carton enfermée dans la base du papier; au-dessous le papier de soie est replié; au-dessus, il est séparé de la coupe par un fil serré.

La seconde coupe diffère de la première en ceci : on rabat les deux bords latéralement en faisant entrer leur extrémité dans le fil qui fixe le pied, et on relie par un nœud les pointes qui forment le haut de la coupe.

Ces coupes, légères comme la mousseline, ne peuvent servir que d'ornements, elles sont trop fines pour qu'on

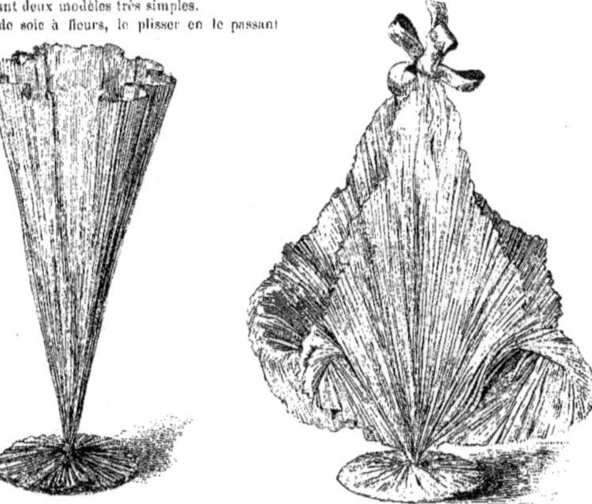

puisse y mettre des fleurs, mais si vous voulez faire des vases à fleurs en papier, nous allons vous décrire des cornets qui sont au Musée et qui nous ont été donnés par une directrice d'école maternelle de Paris.

Ces cornets sont jaunes, en papier de soie plissé, très hauts, ils ont au moins trente centimètres; plus ils sont hauts, plus ils sont élégants; ils recouvrent de vrais cornets en carton, la pointe du cornet entre dans un pied en bois très lourd recouvert de papier. Le haut du cornet est orné de rosaces en papier vert de deux tons.

Dans ces cornets il y a des œillets et des aïants. Ils sont si élégants qu'ils peuvent orner les plus belles cheminées.

Fantaisie dauphinoise

L'arbre de Noël.

Certaines personnes n'aiment pas les fleurs en laine, mais elles trouveront notre arbre bien original, et il leur plaira quand elles reconnaîtront que le travail est facile. Il suffit de découper des patrons sur du gros papier chaque patron représente une feuille pliée en deux.

Avec une épingle on fait un trou du côté étroit, on passe dans ce trou un fil de fer très fin. On croise le fil, on prend un bout de laine verte, on tourne la laine une fois sur le patron, près du fil de fer, on s'arrange de façon qu'un des bouts du fil soit sous la laine, on croise les deux fils de fer, on fait tourner la laine une seconde fois, on recroise les fils de fer, on fait décrire à la laine un troisième tour sur le patron et toujours entre les fils de fer, on croise les deux fils et ainsi de suite jusqu'à la fin. On casse la laine, et avec les ciseaux on coupe le bord du patron et les tours de laine du côté opposé au laiton, comme si on voulait rendre le patron plus étroit. Le patron tombe, la feuille s'ouvre, elle est pointue à une extrémité.

Les deux bouts de fil de fer peuvent passer dans un trou pratiqué dans un morceau de bouchon. Ce morceau de bouchon recouvert de laine forme le pied d'un petit arbre simulant un if. Ces petits arbres ressemblent à ceux des bergeries : ils ont un avantage, c'est d'être d'aplomb et de ne pas se casser. Voyez la planche dessinée.

Lorsqu'on veut faire un arbre de Noël, on dispose en cercles des feuilles semblables à celles qui forment les ifs.

Si vous avez des rameaux de sapin, faites comme nous, enlevez-en les aiguilles ou feuilles et disposez autour vos rameaux en laine comme nous l'avons fait. Vous leur imprimerez facilement, grâce au fil de fer, un mouvement curviligne de haut en bas.

Les arbres de Noël se font de toutes les grandeurs. Plus les rameaux sont grands, plus le fil de fer doit être fort.

Table

Janvier. — Compliment du jour de l'an 3
Coffret à bijoux 4
Le cadre doré 5
La galette des Rois 6
Février. — La faïence de Cunlhat 7
Les masques 8
Les lunettes sans verre 9
Découpage à la Didou 10
Mars. — Les bijoux francs-ruanes 11
Mesdames les Cloches 12
Les rameaux en palmier 13
L'œuf de Pâques 14
Avril. — Les paquets-attrapes ou poissons d'avril 15
Les violettes des quatre saisons 16
Le petit général 17
Le nid 18
Les petits oiseaux 19
Mai. — Le jardinet de Levallois 20
Les premières cerises 21
Les pots de confitures 22
Fleurs d'Aalholm (liserons) 23
Juin. — La corbeille de perles 24
L'éventail 25
Les ballons pour la retraite aux flambeaux 26
Le petit oranger, la petite échelle 27

Juillet. — Le ballon à nacelle, les balles 28
Le panier de fleurs 29
Petites voitures 30
La brouette de Pithiviers 31
Août. — La bourse à Nicolas 32
Le collier de pèlerin 33
Les pipes en papier de M. Bébé 34
La barque indienne 35
Septembre. — La pelote-soleil 36
Le cabas en raphia 37
Le sac à marrons d'Inde 38
Petits rois d'automne 39
Octobre. — La chaîne 40
Les maisons démontables 41
Une rue de Nice en papier 42
Château d'Auvergne 43
Novembre. — La corbeille d'Aix-les-Bains 44
La chaise de la princesse 45
La crèche 46
Le piano de bébé 47
Décembre. — Les éléphants de Saint-Chamond 48
La layette du poupard : bonnets et capelines 49
La layette du poupard : robe de baptême, pelisse 50
Pliage. Coupes-mousseline 51
Fantaisie dauphinoise. L'arbre de Noël 52

541-10. — Coulommiers. Imp. Paul BRODARD. — 6-10.

jour de l'an
dessin pour maman